今日は人生最悪で最高の日

1秒で世界を変えるたったひとつの方法

ひすいこたろう
Hisui Kotaro

※本書は、２０１２年7月に刊行された『心が折れそうなときキミを救う言葉』（ＳＢ文庫）、２０１３年10月に刊行された『明日が見えないときキミに力をくれる言葉』（ＳＢ文庫）の２冊を元本として合本し、一部修正して再編集したものです。

最悪は、不幸じゃない
最悪は、新しい自分が始まる日

まえがき

「人生とは 嵐が去るのを待つ場所ではなく
雨の中でもダンスをして楽しむことを学ぶ場所である」
（ヴィヴィアン・グリーン／アメリカの作家）

漫画家として、描いても描いてもボツになる。自分は才能がなかったのかもしれないと挫折し、部屋で立ち上がる気力もなくなった……。としたら、それは最悪の日ですか？

実は、その最悪の日に、運命が変わって描きあげたのが尾田栄一郎さんの国民的人気漫画『ONE《ワン》 PIECE《ピース》』（集英社）です。

「余命5年です！」と宣告されるって、それは確実に人生最悪の日ですよね？

実際にそう宣告されたのは孫正義さんで、それがきっかけで、自分は何を一番大事にして生きたらいいのかに覚醒して、その後のソフトバンクの快進撃が生まれたってご存知でしたか？

「ボクは何をやらせてもおそいし、頭もよくないから、普通の人が3日でわかることが30年ぐらいかかってやっとわかったりします。いまでも勉強している事がありますが、何年やってもほんの少しも進歩しないのでおかしくて笑ってしまいます」と語るのは、50歳まで失意と絶望の連続だったという『アンパンマン』を描いた、やなせたかしさんです。

普通の人が3日でわかることが30年かかるって、人生大変そうじゃないですか？

「カンパニーぜよーー」と意気込んで、ようやく手に入れた船で初船出を果たしたと思ったら、天下の徳川御三家の船と衝突して、船が沈んでしまうって、人生最悪の日ですよね？

しかし、坂本龍馬はその事件で億を超えるお金を手にする流れを作りました。

作家を目指すも本を出してくれる出版社はなくて、自費で作ったものの全く売れなかった。作家を目指す者としては最悪の日々だといえますよね？

これは、文豪・宮沢賢治の人生です。


偉人の伝記を読むとわかります。

最悪は、不幸じゃない。

最悪は、新しい自分が始まる日であると。

最悪は、自分の人生が、想像を超えて面白くなる兆し。

偉人伝を読むと、このときの不幸があったおかげで、未来にこういう幸せがくるのかと、人生を俯瞰《ふかん》する視線が立ち上がるのです。


偉人たちは教えてくれます。

難が何も無いと、無難な人生になる。

難が有る人生は、有難い人生となると。


つまり偉人伝を読むと、この世界の不幸が消えるのです。

最悪な事態は、これまでの自分は手放していいというサインです。全く新しい時空へジャンプする時が来たというお告げです。もう前には進めない、右にも左にも後ろにも逃げ道はない。そんなふうに行き詰まったときこそ、上の次元にジャンプするしかなくなるからです。「困」るという字、木の四方が閉ざされています。真上だけはガラ空きです。さあ、上へあがる時だ。

安心してください。生きていれば、勝手に問題や悩みはやってきます。
でも、そこから逃げず、「問題上等！　受けてたつ！」と決めた瞬間にその「壁」は、新しい自分と出会う「扉」になると偉人伝は教えてくれる。
これが、1秒で世界を変える、たったひとつの方法です。

では、偉人たちは逆境からどう運命を変えたのか？
一緒に見ていこう。

ひすいこたろう

目次

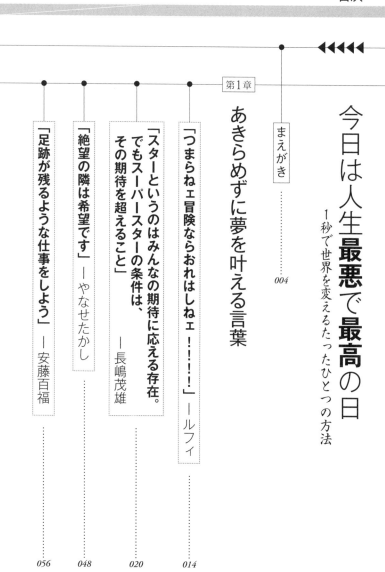

第2章

大ピンチを大成功に変える言葉

目次

第3章

逆境を乗り越える言葉

第4章

成功への道はひとつじゃないと教えてくれる言葉

第1章

夢を叶える言葉

あきらめずに

つまらねェ冒険なら

おれはしねェ!!!!

―ルフィ

描いても描いてもボツになる

その男は、17歳のときに短編マンガ『WANTED！』が手塚賞の準入選に選ばれます。これで、担当編集者がついてくれることになり、気を良くしたその男は、熊本県から上京してきます。当時は、すぐトップになれるぐらいの気持ちでいたそう。

しかし、現実は甘くなかった。作品のネーム（あらすじ）を提出しても全然通らない。マンガは連載には至らない。

「さすがに自分の力のなさに気づいて、そうすると壁がどんどん高く見えてくるわけです。1週間で19ページも面白いマンガを描き続けるなんていうのは、人間にできる技じゃない。マンガ家になるべくして生まれた人にしかできないことなんだと思うようになって、ショックでしたよ」

描いても描いてもボツになる。描いても描いてもボツになる。描いても描いてもボツになる。もう、ダメだ……。もう、これ以上続けられない……。

ついに気力が果ててしまった……。その男は、自分の才能のなさに絶望し、倒れて体が動かなくなってしまったのです。1週間もそんな状態が続いた。もう、マンガ家になることをあきらめよう。サラリーマンにいまからなれるかなとも考えた。

でも、そのとき、担当編集者が家を訪ねてきてくれました。

そして、こう言葉をかけてくれた。

「こんなに頑張って報われなかったヤツを、俺はいままで見たことがない」

必ず報われる日がくる、と……。

ケンカばかりしていたその編集者が、ふと言ってくれた言葉に、その男は泣きくずれたそう。すると、「また頑張れるぞ」と気力が内側から湧き上がってきた。

「泣く」という文字は「涙」の「氵」偏に「立」ち上がると書きます。

涙のあとに立ち上がり、その男が描き上げた作品が、

はい、あの国民的人気漫画の『ONE PIECE』です。

連載の開始が1997年、尾田栄一郎さん22歳のときです。

人生というシナリオには法則があります。トコトンまで頑張って、それでも結果が出ず、「もうダメだ」と力尽きるその瞬間に、あなたの人生を一変するシーン（名場面）と出合うようになっているのです。

まさに『ONE PIECE』の世界観そのものです。


人は、力尽きるところまで頑張ったとき、尽きることのない無限の力が湧き上がるのです。


尾田さんほどの人でさえ、最初から才能があったわけじゃないんです。

自分の心の中の井戸を信じ、掘って、掘って、掘って、掘った先に、自分の可能性の源泉に出合ったのです。

半年だけ死んでみよう

ここで、ある沖縄のソーキそば屋さんの話を少しご紹介させてください。

友人が連れて行ってくれた沖縄のソーキそば屋さんは、15時近いにもかかわらず超満員。お店の人に「すごい人気ですね」というと、以前は全然、人が入らなかったのだとか。その物件は、実は、飲食店が過去入っては潰れるを繰り返している場所で、お客さんの流れがまったくなかったのです。それで、あきらめて、お店をたたもうと思ったそうですが、やめる前に、半年だけ、死ぬ気でやってみようと思ったのだそうです。

それで、自分がいまやれることをまず全部紙に書き出した。お客さんが来ないときは、チラシを配る、キッチンの掃除、ありとあらゆる、いまやれることを、死んだつもりで全部やったそうです。すると、徐々に人が入り、半年で大人気店にまでなったのです。永遠に死ぬ気で努力はできないけど、期限をくぎれば、僕らにもできるはずです。

長い人生の中で、一度でもいいと思うんです。

本気ですべてを出し切る時期があるって、とても素敵なことだと思います。たとえ結果がでなくても、その本気は魂に深く刻まれる。そして、それは必ず次の糧となる。

まずは、いま、やれることを全部紙に書き出してトイレに貼り出すんです。そして、ひとつひとつやっていく。一度でいいから、もうダメだというところまで、やりきってみませんか？　自分をあきらめるのはまだ早い。もうダメだと思う、その3センチ先で、天使は君に手を差し伸べて待っています。

この宇宙で、一番楽しいことは、まだ見ぬ自分と出会うことです。この宇宙で、一番大きなものは、君の可能性です。君が信じなくて、誰が君を信じてくれる？　ここは君が君になる場所だ。見せてやれ底力！

自分のいのちをなめんなよ。

人生は冒険だ。一度でいい。
自分の夢に向かって倒れるくらい打ち込んでみよう。

スターというのは
みんなの期待に応える存在。
でも
スーパースターの条件は、
その期待を超えること

――長嶋茂雄

野球で日本中を元気にしたい！

速い！

速い‼

速い!!!

橋爪四郎ぶっちぎり1位！

１９４９年、ロサンゼルスでの水泳大会（全米水泳選手権）初日、１５００メートル自由形予選A組に出場した橋爪四郎選手は、2位以下のアメリカ勢に、なんと、なんと、１５０メートル以上の差をつけ、それまでの世界記録を20秒以上も短縮し18分35秒という仰天記録でゴール！


第二次世界大戦に負けた日本は、当時アメリカの占領下にありました。この頃、日本人は「ジャップ」と蔑《さげす》まれることも多かった。そんなときに開かれた全米選手権。続くB組に出場した古橋廣之進《ひろのしん》選手はさらに橋爪選手をも超えた。古橋選手が泳ぎはじめると、あまりの速さに記者席がざわめきはじめたといいます。

「どうなってるんだジャップは!!!!」

古橋の記録はまたもや世界記録を更新。全米騒然の18分19秒。ゴールした古橋は外国人に囲まれ、口々に、「グレート・スイマー」「ザ・フライングフィッシュ・オブ・フジヤマ」と称えられました。

日本人が「ジャップ」から、「ジャパニーズ」に変わったのは、この瞬間です。

日本は戦争に負け、暮らしも貧しく、プライドを失いかけていた時代でした。しかし、このニュースに日本中が沸きに沸いた。橋爪、古橋らがアメリカ勢を圧倒する活躍で、日本中は一気に活気づいたのです。

街では、「バンザイ!」「バンザイ!」と、涙を流して喜ぶ者もいました。

スポーツって、こんなにも人を喜ばせることができるんだ——。

当時中学2年生だった長嶋少年の記憶には、このときの感動が刻まれました。

「いつか自分も野球で、日本中を元気にしたい」

長嶋少年は、野球場でカキーーーンとボールをかっ飛ばす自分の姿を夢に描くようになりました。

「バッターは4番、長嶋。悠々バッターボックスに入ります。構えました。第1球はカーブ。ボールです。第2球、長嶋打ちました。ボールはぐんぐん伸びております。センターバック、センターバック、ホームラン！　長嶋、見事なホームランです！」

長嶋少年は、そんな実況アナウンスつきで何度も何度もイメージの中でホームランをかっ飛ばした。

身長160センチ、あだ名は「チビ」だった長嶋茂雄

しかし当時の長嶋は、「チビ」というあだ名で、高校入学時でさえ身長160センチ。クラスで一番身長が低かったのです。

ところが、カキーーンとボールをかっ飛ばすイメージが、身長までかっ飛ばしたのか、高校3年になる頃には、グングンと身長も伸びて177センチに。

「もしかして、これは背が高くなる病気ですか？」

と保健室にあわててかけこんだという長嶋伝説もあります（笑）。

そして、長嶋率いる千葉県の佐倉第一高校（現・佐倉高校）は、千葉県大会を勝ち抜き、南関東大会に出場を果たします。これで、甲子園も射程距離です。ところが、ここで信じられないアクシデントが勃発します。佐倉一高は野球部はじまって以来の南関東大会出場で、選手たちは緊張のあまり浮き足立ってしまったのです。球場に乗り込む直前の練習で、なんと1番バッターがネンザして欠場……。

えええ、こんな大事なときに！

すると、あろうことか、2番バッターまでネンザして欠場……。

ええええええ、お前まで!!

その勢いに乗ったまま、なんと、3番バッターまでが負傷し欠場してしまうのです。勢いに乗るところ、絶対間違ってる!!!（笑）。

次は4番の負傷か？　4番はキャプテンの長嶋茂雄。しかし、逆に長嶋は覚悟を決めました。

「もう、俺が打つしかない！」

甲子園に行けなければ、プロのスカウトの目に留まることは至難の業です。ところがレギュラーが続けて3人欠場。しかも対戦相手は、埼玉の名門、熊谷高校。まず勝ち目はない。絶体絶命という状況です。しかしそれは、6回表に起きました。長嶋3回目の打席。ピッチャーが投げたボールが、一瞬止まって見えた。長嶋は無心でフルスイングをします。

カキーーーーン。

外野手は一歩も動けなかった。スタンドがざわめく。

高校生ではありえない！　バックスクリーン直撃の特大ホームランです。これには、負傷してしょんぼりしていた緊急欠場組3人までがベンチで大はしゃぎ（笑）。

この日、結局、佐倉一高は4対1で試合には負けます。でも、長嶋のお父さんが、「あれは素晴らしいホームランだった」と褒めてくれたのです。「お父さんは見に行けない」といっていたのに、こっそり球場まで応援に来てくれていたのです。

甲子園には出場できなかった。しかし、この特大ホームランが噂になりプロからもスカウトが来ます。このとき、長嶋は悩みながらも父の希望もあり、まずは大学へ行こうと東京六大学野球の道を選びます。そうして入部した立教大学野球部。そこには想像を絶する世界が待っていました。あまりにハードな練習に、脱走するものが出てくるほど厳しい世界でした。

「シゲはつらくないのか？」

仲間からそう聞かれました。

「つらくなんてないさ。野球がやりたくて入ったんだ。俺は入学する前に決めたんだ。立教の4年間で徹底的に鍛えてもらうと。プロに入ったら1年目からフル回転するためにさ」

そんなある日、電報が届きます。

「チチキトク　スグカエレ　ハハ」

長嶋は急いで電車に飛び乗って、千葉の実家へ向かった。父さん、もちこたえてくれ……。

「僕だよ、茂雄だよ」

父は目を開け、声にならない声をふりしぼりこういった。

「茂雄、やる以上は日本一の選手になるんだぞ。富士山のような日本一の男になれ」

それがお父さんの最期の言葉になりました……。

春の花にそむいてこそ野球愛

長嶋は、みんなが逃げ出したくなるようなハードなトレーニングのあと、さらにひとり残り、バットを振り続けていました。両手のマメがつぶれて血が噴き出す。それでもバットを振り続けていた。

長嶋は内角球がうまく打てなかったので、春のリーグ戦、せっかくチャンスを与えられながらも凡打の連続でした。もっともっとスイングを速くする必要がある。そのためには練習しかない。

グラウンドでは、真夜中に行う練習もありました。恐怖の、闇夜の千本ノックです。ボールに石灰を塗りつけてあるとはいえ、ボールは手元に来るまで見えない。急に視界にぼわっと現れるボールにあわててグローブを差し出す。でも、それでは遅い。何度も顔や頭に直撃をくらう。頭がしびれてくる。恐怖で足が震える。

「いいか、長嶋、ボールをグラブで捕ろうと思うな。心で捕れ、心でっ！」

あまりに厳しい練習に、1年生の半分が野球部を辞めてしまいました。でも、長嶋はどんな苦しい練習にも耐えた。「望むところよ」と。先輩からバットで殴られたことだってある。でも、まるで痛くなかったそうです。

「気合いが入っているから」と。

長嶋と、逃げ出した選手たちの命運を分けたものは何か。根性の違いでしょうか？

いや、違う。それは

「何のためか」

という目的の有無だったのではないでしょうか。何のために野球をやるのか——。

長嶋は、暗闇の中でスイングをしていると、カキーーンと白球がスタンドへ一直線に飛んで、日本中が歓喜に沸く光景ばかりが浮かんできたといいます。長嶋はバットを振るたびにワクワクした。夢が広がっていったのです。

長嶋は1秒たりとも忘れたことはなかったのです。何のためにこんな厳しい練習をしているのかを。それは、他界した父との約束、富士山のような日本一の選手になるためです。そして、プロになって、快心の一撃をカキーーーンとかっ飛ばし、日本中を感動の渦に巻き込むためです。そして、何より、母を幸せにするためです。

初めて野球をやった小学生の頃、バットは竹やぶの竹を使った。ボールは、手づくりで母が作ってくれた。ビー玉に着物の帯締めの細いひもをグルグル巻いてボールにしていく。ところがひもが硬いから針が通らない。お母さんは何度も何度も針を指に刺してしまい、その度に血が噴き出して畳に滴り落ちる。

でもお母さんはそんなことを意にも介さず息子のためにボールを一生懸命作ってくれた。畳の血は長嶋少年がタオルでぬぐった。この母を野球で幸せにしてあげたい。

何のために野球をやっているのか？

父との約束を守るため。

母を幸せにするため。

そして、日本中を感動の渦に巻き込むためです。

「練習の苦痛に泣き言をいうような連中が野球を愛するという言葉を乱用してもらっては困る。春の花にそむき、秋のもみじを忘れてグラウンドに走る心がけがあってはじめて野球愛の資格が生ずる」

「愛はあくまで真剣でなければならぬ。真剣味というのは、目的とするものがひとつでなければならぬ」

学生野球の父といわれた飛田穂洲《すいしゅう》の言葉です。

飛田の志は、立教大学の監督、砂押邦信《すなおしくにのぶ》に受け継がれており、そしてその野球愛は長嶋茂雄に受け継がれたのです。野球愛のバトンはしっかりリレーされたのです。

誰よりも練習して誰よりも成果が出ない男

誰よりも練習に明け暮れた長嶋茂雄。ところが……結果はまったく出なかった……。

大学時代の長嶋の打率は、
1年の春　1割7分6厘（11試合出場）。
1年の秋　1割5分8厘（11試合出場）。
2年の春　1割7分（11試合出場）と、散々な結果。

打てもしない長嶋をなぜ試合に使うのかと砂押監督まで問題視された。長嶋だって、悔しくて悔しくてたまらなかった。誰よりも練習しているのに結果がまったく出ないのです。俺には何が足りないんだろう？
あ！　わかった!!　何でこんな単純なことに気づかなかったんだろう。

「練習が足りないんだ。ようし。ならば、もっともっと練習するぞ！」

…………（笑）。
長嶋はさらに猛烈に練習に励みました。すると、2年の秋季リーグでは打率3割4分3厘に。3年になると48打数22安打。なんと打率4割5分8厘で初の首位打者に。

そして4年生になると、六大学で最も注目される選手になっていました。六大学リーグのタイ記録、通算7本のホームランをかっ飛ばしたのです。もう1本打てば新記録。

「富士山のような日本一の男になれ」というお父さんとの約束を叶えられます。しかし期待された8号ホームランがいつまでも飛び出さない――。

長嶋はプレッシャーに押しつぶされていたのです。今度ばかりは猛練習では超えられない……。

どうすればいい？

残り試合はとうとう1試合だけとなりました。長嶋は困り果て、大学の構内にある教会の牧師さんを訪ねました。すると、牧師さんはこういってくれたのです。

「記録なんてどうだっていいじゃないか」

え～！！！！！！！！！！！！！？

どうだっていい!?

「いつもどおり、大暴れしてこいよ、それでいいじゃないか」

何だか気がス~ッと楽になった。そうして迎えた最後の試合、最初の打席はサードゴロでしたが、このとき、スタンドの少年の声が聞こえたといいます。

「長嶋なんてつまんないや。長嶋はいつも楽しそうにかっ飛ばすから好きだったのに」

そうだ！　そうだった!!

忘れていた!!!


楽しむことを忘れていた。


そうして迎えた、7号ホームランを打ってから88打席目。バットケースからほかの選手のバットを無造作にひっこ抜き打席に立った。

（いや、そのバット、俺のなんだけど！　by バットの持ち主）

もう、誰のバットとか関係ない。

勢いで向かっていくだけ。

カキーーーン。

フルスイングでボールをとらえた！

ボールは、そのまま弧を描きレフトスタンドに消えていった。

六大学野球新記録達成の瞬間です。

スクランブル・プッシュで立ち向かえっ！

お父さんとの約束を果たし、日本一の選手となった長嶋茂雄は、プロ野球セ・パ両リーグ12球団すべてのチームから誘いを受けました。

長嶋が選んだのは読売ジャイアンツ。開幕戦から長嶋は3番サードに抜擢されました。デビュー戦、長嶋を迎え撃つ投手は、国鉄スワローズのエース、日本一の左腕と呼ばれた金田正一投手でした。プロの貫禄をルーキー長嶋に見せつけてやる必要がある。この日、金田投手は長嶋に対してメラメラと燃えていました。というのも、六大学野球で8号ホームランを打ち、喜ぶ長嶋をテレビで見て、「なんだ、あのはしゃぎようは。学生の分際で」と快く思っていなかったからです。

因縁の対決。

1打席目三振……。

2打席目三振……。

3打席目三振……。

4打席目三振……。


長嶋茂雄、まさかの4打席連続三振です。

金田投手がこの4打席で投げた球は全部で19球。そのうち長嶋がバットにかろうじて当ててファールにできたのは1球だけ。あとはカスりもせず、振ったバットはすべて空を切りました。

長嶋の完敗です。

一方、金田投手は長嶋から4三振を奪ったその日、不安で眠れなかったといいます。

金田投手は末恐ろしく感じていた。叩きのめしても叩きのめしても、まったくひるむことなく、ブルンブルンとフルスイングで立ち向かってくる長嶋茂雄という男に。普通は、萎縮してどんどんスイングが小さくなるのに、長嶋は逆でした。

これは、後にジャイアンツの監督になったときに、長嶋が選手たちに発した「スクランブル・プッシュ」というスピリットです。長嶋式和製英語で、「失敗を恐れず、どんどん攻めていけ！」という意味ですが、最初に発言されたとき、ジャイアンツの選手たちは意味がわからず、ポカンとしたようです（笑）。

プロ初打席、長嶋がスクランブル・プッシュの精神で立ち向かっていけたのは、自信があったからです。

才能に対してじゃない。

「俺は、立教大学で誰よりも練習してきたんだ」という誇りに対しての自信でした。

長嶋は、ジャイアンツに入団した新人の頃、監督の部屋をノックして、こう伝えたそうです。

「監督、練習が少ない気がします」

やれることは全部やってきた。あとは思い切り向かっていくだけでいい。失敗を恐れず、スクランブル・プッシュをしてきた長嶋茂雄。結果、プロデビューの年、長嶋は、本塁打王、打点王の2冠に輝き、新人王に選ばれています。

長嶋式・夢を引き寄せる裏ワザ

ここで、長嶋を語る上で外せない試合、1959年、天皇・皇后両陛下を迎えて行われた天覧試合のことも見てみましょう。

読売ジャイアンツvs阪神タイガース。

天皇・皇后両陛下が野球を観戦にいらっしゃる。審判団もいつにも増して緊張していた。中には無事務められるように、朝、水風呂で体を清めてきた審判もいたほどです。後楽園球場は張り詰めた空気に包まれていました。9回裏で4対4の同点。両陛下が野球観戦できる時間は21時15分までだったため、延長戦に入った場合、両陛下は途中退席になるという状況でした。もうタイムリミットは10分を切っています。

9回裏、この大事な場面に先頭バッターとして回ってきたのは……。

「4番サード長嶋」

この日、すでに1本ホームランをかっ飛ばしている長嶋の打順でした。

ついにこの日がきた。水泳の橋爪選手、古橋選手が、日本中に勇気を与えたように、今度は、俺がカキーーーンとみんなを元気づける番だ。いま、日本中の人たちが自分の打席を見守ってくれている。長嶋は前日、布団にちゃんと正座して、枕元のバットに頭を下げて、「明日はいい場面で打たせてください」と祈ってこの日を迎えていました。

対するピッチャーは真っ向勝負を挑んでくる村山実。長嶋と対戦したいからという理由で、巨人入団を拒み阪神を選んだ筋金入りの男です。これまでの対決は、13打数2安打と、完全に長嶋が封じ込められてきたピッチャー。しかも村山は前月、巨人相手に「幻のノーヒットノーラン」を成し遂げたばかりで勢いに乗っていた。カウント、ツーストライク。追い込んだ村山は5球目、腰をひかせるために、渾身のボールを長嶋の胸元に投げた。長嶋はそれを待っていたかのようにフルスイング。

カキーーーーン。

ボールは高々と舞った――。

長嶋は2、3歩走りかけたところで立ち止まりボールの行方を追った。陛下も身を乗り出された。

飛距離は十分。

しかし、ファールかホームランか……。

どっちだ？

村山は、このときの長嶋を後にこう語っています。

「長嶋さんと闘うときは、どっちがどれだけ炎となっているかの勝負なんです。相手の方が、熱いと感じたときは私がどんなにいい球を投げても打たれます。逆に私が炎となっているときは、いくら長嶋さんが、いいスイングをしても私が勝ちます。（中略）あの勝負の瞬間、長嶋さんの目はとても静かだったのです。一瞬、ふっと涼やかなとても穏やかな目になった」

ファールかホームランか……。


「ファールだ」


村山はそう思った。審判の判断は？

審判は大きく右手を回した。

「バンザイ！」「バンザイ！」と、どっとスタンドが沸き上がった。天皇陛下が退席されるタイムリミットまであと3分という21時12分。長嶋はサヨナラホームランをかっ飛ばしたのです。昭和34年6月25日21時12分。プロ野球が国民的スポーツになった瞬間でした。

ちなみに打たれた村山は、この悔しさをバネに、この年18勝を挙げ沢村賞を獲得。ここからスーパーエースに成長し、3年後、阪神を初のリーグ優勝へと導いています。

実は天覧試合前、長嶋はスランプのドン底にいました。だからこそ、やれることはすべてやってのぞんでいた。最寄りの駅でありったけのスポーツ新聞を買ってきては一面のトップ記事を広げ、自分で見出しを書き込んでいったのもそのひとつ。

用意した赤、青、黄色、緑のマジックで、新聞一紙ごとに「長嶋サヨナラ本塁打」「天覧試合でサヨナラ打」などと大きく書き込んでいったのです。「長嶋の一発に尽きる。さすがにゴールデンルーキー。歴史に残る一発だ」と監督談話まで勝手にマジックで書き上げイメージトレーニングをしていたのです。

そして、それはすべて現実となりました。

球場からシャワーも浴びずに帰る理由

長嶋茂雄さん、あなたは最初いつも負ける。

それももう、面白いくらい負ける。

小学校4年、初めてやった三角ベースで初打席は三振。

佐倉中学での第一打席も三振。

佐倉一高での初打席も三振。

そして甲子園には出場できず、六大学では1年目は散々な成績。

プロのデビュー戦では連続4三振。

最初から結果は出ない。

だから誰よりも練習してきた。

シーズン中もあなたは関係者にわからないところでバットを振り続けた。影での練習が本当の練習であるとさえ思っていたあなた。試合が終わると、洋服に着替えて銀座の街に繰り出していく選手がいるなか、でも、あなたは違った。後楽園球場で試合が終わると、シャワーも浴びずにまっすぐに家に帰った。それも自宅で素振りをするために。

着替えもせずに戻ってくるのは体に残った試合の記憶を消さないため。奥様は、台所にあなたが大好きな白身魚や麺類を用意してくれているにもかかわらず、あなたは振り向きもせず庭に出て、その日のバッティングを反芻するかのようにスイングを繰り返した――。

「バットが風を切る音がある。素振りをする音のちょっとした変化でわかる。早く聞こえたということは、体が開いて、バットが遅れてポイントが後ろに残ったということ。正常な打点を風の音で聞き分ける。バッティングで悩むというのは人から見れば軽度のノイローゼのようなもの」

さらにあなたはいった。

「我々はグラウンドで最高の演技を見せる義務があるんだ」

そのために、あなたは試合で、三塁からホームベースへすさまじいスライディングをしたこともありました。

……ホームには誰もいなかったにもかかわらず（笑）。

特別に大リーガー用のヘルメットを使っていたあなた。日本製と違い、かぶると前後1センチの遊びができる。だから思い切り空振りすると、ヘルメットがすっ飛んでくれる。空振りでもファンを喜ばせようとしていたあなたの工夫には頭が下がります。

キャッチしたボールをファーストへ投げる際、手をひらひらさせていたのは、歌舞伎の市川団十郎が花道で見得を切るときの所作を取り入れたものだと知ったときは本当に驚きました。

ファンの前に出たら、「ハーイ、今日はイッツ・ファイン・ツデイ！」と明るく振るまい、ファンサービスも忘れない。

シーズン前のキャンプをアメリカ、ベロビーチで行った際、「アメリカは外車が多いね」と驚き、クリーニング屋と洋服屋を勘違いしたときは「アイ・アム・失礼」と謝っていたあなた。

「ソックスがひとつない」と騒いでいたら、片方の足に二重にはいていたあなた。

鏡の前でバットを振るうちに夢中になり、ついに納得のいくスイングができたとホッとして肝心の試合を忘れてロッカーで帰り支度をはじめたあなた。

僕は、そんなキュートなあなたが大好きです。

そして、最高のパフォーマンスを見せるために、誰も見ていないところで死ぬほど練習していたあなた。

カウンターでお寿司を食べている最中でも、「ちょっとここでバットを振りたいんだ」とお店の人に頼み込み、2階の座敷を借りてスイングしていたそうじゃないですか。お店の人も、「え!? よりによってここで?」ときっと困っていたことでしょう(笑)。

何のためにそんなことを?

見てくれる人を楽しませたい。

長嶋茂雄、あなたはその一心でした。

同じく、巨人軍には、あなたくらい練習する男がもうひとりいたそうですね。後に世界のホームラン王となる王貞治さん。あなたと王さんが、暇さえあれば練習するので、いつの間にかチーム全員のレベルが上がり、昭和40年から9年連続でジャイアンツは日本一になり、やがて「黄金時代」と呼ばれる時代に突入していきました。

感染するのは風邪だけじゃない。情熱だって感染する。

スーパースター長嶋茂雄。あなたの秘密はシンプルでした。ひたすら練習。「ダブルハッスル」（2倍にハッスルするという本人の造語）で練習。

それは、監督になってからも……。

逆指名制が導入されるまでのドラフトは、1位指名が競合した場合、くじ引きで決めていました。

1992年。この年のドラフト会議は後に不動の4番となる超高校級スラッガー松井秀喜選手の交渉権を獲れるかどうか、巨人軍の命運を分けるドラフトになりました。競合は必至。最後はくじ引き勝負となることが予想されました。そこであなたがまじめに行った秘策に僕は心から感動しました。

なんと、事前に自宅でくじ引きの練習をしていたとは！

そして本当に松井秀喜選手の交渉権を獲得したあなた。

くじ引きでさえも練習なんですね。

「俺みたいな野球の虫はいない」by 長嶋茂雄
僕は、あなたが生まれついての天才バッターだと勝手に思っていました。

でも、そうじゃなかったんですね。

情熱が人生をメイクドラマにする。

そんなあなたのカッコよさを伝えたくて、僕は勝手にあなたへのラブレターのつもりで本項を書かせてもらいました。この原稿を書いているとき、あなたは僕のすぐ近くにいてくれているようで楽しかったです。


いま、朝5時50分。

窓から朝日が差し込んで部屋が黄金に輝いています。

まるで、あなたの生み出したメイクドラマのように。

長嶋茂雄さん、日本に生まれてくれて本当にありがとう。

なんのためにそれをやるのか？
その目的にワクワクときめくとき、
キミの人生はメイクドラマになる！

絶望の隣は希望です

――やなせたかし

50歳まで「絶望」という名のトンネルを

「50歳ぐらいまで僕は、失意と絶望の連続でした。ずーっと何十年もの間、『自分が何をやっても中途半端で二流だ』って思い続けていました」

これは、『アンパンマン』の作者である、やなせたかしさんの言葉です。

やなせさんが、『アンパンマン』の絵本を描いたのは、54歳のとき。

『アンパンマン』がブレイクしはじめたのは、60歳を越えてからなんです。それまでのやなせさんは、長い長い「絶望」というトンネルの中にいました。

同期と思っていた仲間が次々にマンガ家として名を馳せていく……。

新人たちにもあっさり追い抜かれていく。

「何で、オレは世に出ないんだろう……」

そんなある日のこと。夜も更けて家の中はしーんと静まりかえっていた。

やなせさんは、仕事机のそばにあった懐中電灯を冷えた手に当ててみました。

するど血の色がビックリするほど赤く透けている。こんなにも気持ちが萎えているのに、体にはこんなにも真っ赤な血が熱く流れている……。

そのことに心を動かされて、やなせさんは夜更けの部屋で涙ぐみそうになりました。

その頃の、クサっていたやなせさんを見かねた大先輩のマンガ家、杉浦幸雄先生がこう声をかけてくれた。

「君が落ち込む気持ちもわからんでもないが、人生はね、一寸先は光だよ。いいね、途中でやめちゃったら終わりだよ」

世界最弱ヒーローの誕生

21歳から26歳までの5年間、やなせさんは戦地で生きることを余儀なくされていました。中国に派兵されたときに言われたのは、「いま、中国の民衆が困って苦しんでいるから助けなければいけない。だからこれは正義の戦いなのだ」。

ところが戦争が終わると、「日本軍が中国民衆を苛《いじ》めた」と言われた。当時、日本国民みんなが信じた正義とは何だったのか。だって、その正義のために、やなせさんの弟さんは命を落としたのですから。そのとき辿り着いた答えが、どんな状況でもひっくり返らない正義は、「ひもじい人を助ける」ということでした。困っている人に自分の顔をちぎって食べさせる、心優しいアンパンマンはここに原点があるのです。

絵本で一番描きたかった場面は、お腹を空かせている子どもに顔を食べさせて、顔がなくなってしまったアンパンマンが、エネルギーを失って失速するシーン。

この頃は、ウルトラマンや仮面ライダーといった強いヒーローものが大ヒットを飛ばす中、アンパンマンはマントはつぎはぎ、パンだから雨に濡れるだけでも弱ってしまうといった世界最弱のヒーローでした。

絵本を出版した当時、出版社にはこう言われた。

「こんな絵本は、これっきりにしてください」

さらに、アンパンマンが餓えた人に顔を食べさせるシーンには「残酷だ！」と大人たちは大反発。児童書の専門家たちからも、「ああいう絵本は図書館に置くべきではない」と散々酷評されました。でもやなせさんはこう思っていたのです。

人を助けようと思ったら、本人も傷つくことを覚悟しないといけない。自己犠牲の覚悟がないと正義は行えない。アンパンマンにとって、食べてもらうのはうれしいこと。なぜならば、マズいパンなら食べてもらえないからです。

しかし、アンパンマンは世間から黙殺された。

普通の人が3日でわかることが30年かかる

ところが、これは大人の間の話でした。子どもたちの間では、アンパンマンはじわじわと浸透していたのです。

幼稚園では、子どもたちが『あんぱんまん』（当時はひらがな表記だった）を「読んで！ 読んで！」と先生にせがみ、何度買い替えてもボロボロになるという現象が起きはじめていた。文字も読めない3歳の子どもたちが、アンパンマンにラブコールを送ってくれたのです。そしてついにアンパンマンはアニメ化に至ります。実は、アンパンマンのキャラクターたちには共通点があります。アンパンマンも、メロンパンナちゃんもカレーパンマンも食パンマンも指がないんです。それは、アニメを描くスタッフの方たちがスムーズに描けて、早く家に帰れて子どもと一緒の時間を過ごせるようにするためだそう。

キャラクターの指がない理由は、やなせさんの優しさだったのです。

「ボクは何をやらせてもおそいし、頭も良くないから、普通の人が3日でわかることが30年ぐらいかかってやっとわかったりします。いまでも勉強している事がありますが、何年やってもほんの少しも進歩しないのでおかしくて笑ってしまいます。アンパンマンも絵のほうのことも、そんなぐあいにして超スローモーションでやってきましたが、年月が経ってみるとそれなりの足跡ができていてボクよりもはるかにはやくとびだした人たちがもうリタイヤしているのを見ると、自分はあまりきらめくような才能に恵まれなくて良かったなと思うことがあります」

才能に恵まれなくて良かった……。

やなせさんのこの言葉を、才能がないと嘆いているキミへ贈りたい。

絶望の隣にあるもの

冷えた手に懐中電灯を当てて、血の赤さにしばらく見とれてしまった絶望の夜。
実は、あの日のことを歌った歌がその後、大ヒットしました。
そうです。みなが知る「手のひらを太陽に」です。
あの歌詞は、やなせさんの絶望から生まれた歌なのです。
ご存じのとおり、ミミズもオケラもみんな生きているという詩。
やなせさんは、真っ暗な泥の中で暮らすミミズに自分を重ね合わせていたのです。

絶望の隣は、希望だったのです。

一寸先は光です。
だから、あきらめず、
もうちょっと続けてみよう。

足跡が残るような

仕事をしよう

――安藤百福

ひすいこたろうと安藤百福《ももふく》の意外な接点⁉

ひすいこたろう、大阪に講演で呼んでいただいたある日のこと。

行ってみると、講演会場の建物自体が妙にオーラを発しているのです。聞いてみると、大正元年（１９１２年）に、大阪財界の名士たちによって造られたという大阪の実業家たちの名門社交クラブだとのこと。名前は大阪倶楽部。歴史を感じさせる重厚感と華やかさ。その会場のオーラにすっかりのみ込まれた僕は、講演5分前、あまりの緊張で、心臓の鼓動がバクバクと波打ち始めました。

このままではマズい……。普段の自分に戻す必要があります。

もう、あれしかない……。

「では皆様、ひすいこたろうさんの登場です。拍手でお迎えください」

そう司会者に紹介されるや、僕は靴と靴下を脱ぎ、ズボンをまくり上げ、いきなり裸足でステージに登場したのです。できるだけリラックスできるようにと。僕が由緒ある重厚感あふれるステージにズボンをまくり上げて裸足で現れるや、みなさんの目が点になっていました。

会場には、大垣青年重役会という岐阜県大垣市の経営者グループの方々も見えていたのですが、講演後、かけつけてこういってくれました。

「ひすいさん、感動しました。ぜひ今度は大垣市にも講演に来ていただけないでしょうか。いや〜、今日は感動でした。あの裸足最高でした！」

え？　感動したのって、僕の話じゃなくて、裸足だった⁉

さて、さて、どうしてこんなしょうもない話から入ったのか。それは、チキンラーメン、カップヌードルの開発者であり、日清食品の創業者・安藤百福さんは、僕が裸足で歩き回ったまさにこの場所で恋に落ちているからです。


約70年前に時はさかのぼります。

「安藤くん、キミは結婚する気はないのか？　キミにお見合いをすすめたい素敵な女性がいるんだ。大阪倶楽部で働いている娘さんなんだが」

そうお見合いを持ちかけられた百福は、こっそり大阪倶楽部へ彼女を見に行きました。

「あ、あの子だ！」

百福のハートに火が点くまでに3分もかかりませんでした。

恋は秒速。カップヌードルより速し。

ひすいこたろう、安藤百福、ともに大阪倶楽部で、心臓の鼓動がバクバクと波打った仲間なんです（笑）。

ひと目惚れした百福は彼女に何通も何通もラブレターを書きます。でも、時は1943年、世は戦争まっただ中で彼女はまだ結婚する気はなかったのです。

「一体、世の中はどうなるんでしょうか？　戦争することが日本のためになるといわれてるのに状況は悪くなるばかり……。どうなってしまうんでしょう」

彼女は、時代に不安を感じていたのです。しかし、百福の考えは違いました。

「世の中がどうなるかって心配ばかりするのは間違っています。自分でどうするかが大切なんです」

「え!?　自分でどうするか？」

そんな発想は彼女にはなかった……。彼女の心の中に、彼の存在が居場所を作りはじめた瞬間でした。この後も、百福のアタックは続き（通称「百福アタック」）、この百福アタックがボディブローのように効きはじめ、次第に彼女の気持ちが百福に傾いていくのです。やがて、戦争の混乱の中、ふたりは結婚することになるのです。

そして1945年終戦。

百福35歳。戦後、空襲で焼け野原になった大阪、梅田の駅裏の空き地には、食べ物や商品を売る闇市がにぎわいはじめていました。そこでは、一杯のラーメンを求めて長い行列ができていた。人々は、寒い中、震えながら一杯のドンブリを待っていました。でも、ラーメンを一口食べるや、その表情にはふわっと笑顔が広がる。このときのみんなの笑顔が百福の記憶に刻まれました。

百の福と書いて百福――。

その名前は実におめでたいわけですが、彼の人生は、むしろおめでたくないことの連続でした。生まれてすぐにお父さんが他界し、お母さんも他界してしまう。百福はひとりぼっちに。だから百福には両親の記憶がないのです。

そして、大人になってからも、軍事物資を横流ししたとあらぬ疑いをかけられて憲兵隊から拷問を受け、さらには、脱税容疑で戦犯と一緒に監獄に入れられています。こちらもまったくの無実だったにもかかわらず。どうです？　百福ならぬ百難といっていい人生です。

ドシロウトからのラーメン作り

百福41歳のときです。周りから担ぎ出されて、ひょんなことからとある信用組合の理事長を務めることになります。名前を貸しただけのようなところもあったのですが、運営が立ち行かなくなった際に、責任をとらされて、なんと全財産を失ってしまうのです。かろうじて残されたのは、大阪府池田市の住まいだけ。

愕然とする百福。

でも、このとき、奥さんはこういってくれました。

「さあ、ご飯にしましょう。
お腹が空いたら何もはじめられないでしょ？」

財産を失った。しかし、妻は一緒にいてくれる。子どももいてくれる。

「なんだ、失ったのは財産だけではないか！」

百福はそう気づきました。しかも、その分だけ経験が血や肉となって身についたともいえます。そう考えると、また新たな勇気が湧いてきました。

「ドン底に落ちたとき、『これより下はない』と思い定めると、覚悟ができてラクになる。そして、不思議と力が湧いてくる」と百福はいいます。

財産はゼロになった。これはひとつの区切りともいえる。だったら何か事業をはじめてみよう。何がいいだろう？

「何をやれば、世の中を明るくできるだろう？」

このとき、百福はそう考えた。思いついたのはラーメンでした。戦後の焼け野原、不安だらけの中、一杯のラーメンがみんなを笑顔にした。あんな状況でも、人の心を明るくする力がラーメンにはあったのです。百福も財産を失い、世の中から焼け出されたようなもの。

ならば、ラーメンを作ってみよう。希望に満ちたラーメンを。店も屋台もいらない、お湯だけで食べられるラーメンを。当時まだなかった、家庭で簡単にできるラーメンを。希望を家庭に届けるのだ。こうして百福の挑戦が始まりました。

百福の考え方は極めてシンプルです。

「開発をはじめるに当たり、第一に考えるべきことは、目標を明確にすること。そしてあとは執念である」と。

ゴールを明確にしたら、あとは執念でやるだけなんです。

まず彼がめざすラーメンの目標を明確にしました。

「開発の五原則」

1．おいしくて、飽きがこない味にする

2．保存ができるラーメンにする
3．便利であること。簡単に調理できるようにする
4．安価であること
5．安全で衛生的なものにする

目標を明確にしたら、あとは執念でそこににじり寄っていくだけ。なじみの大工さんに頼んで、自宅の裏庭にほったて小屋を作りました。百福はこのほったて小屋を「研究所」と名づけた。ここに直径1メートルの中華鍋を置き、道具屋を探し回って見つけてきた中古の製麺機、麺打ち台、圧力鍋を置きました。

さて、ここで質問です。

信用組合が倒産して、暇になりました。暇、暇、暇。これは何のチャンスでしたか？

はい。ラーメンの研究に明け暮れるチャンスでした。

ラーメン作りの知識などまったくないドシロウトながら、百福は、毎日、朝5時か

ら小屋にこもり、夜中の1時、2時まで研究。睡眠は平均4時間で、丸1年、休むことなくラーメン作りに明け暮れました。小麦粉にさまざまな添加物を加えて、練り上げては製麺機にかける。温度、水の量、湿度を考慮しながら、調合を変えて何度も何度も試す。麺の原料配合は、とても微妙なさじ加減で試し、粉まみれになりながら、作っては捨て、捨てては作るの繰り返しでした。

百福はいいます。「食品の開発は、たったひとつしかない絶妙なバランスを発見するまで、これでもかと追求し続ける仕事なのだ」と。

48歳の逆転劇

百福は、お湯をかけるだけでできるラーメンを作るために、あらかじめスープの味がしみ込んでいる麺を開発しようとしていました。でも、麺に味をつけるにはどうすればいいのか。麺に最初からスープを絡ませるとボソボソになる。麺を蒸してからスープをかけると粘ついて乾燥しにくい。

これを解決してくれたのは、奥さんが揚げていた天ぷらでした。冷めた天ぷらでも温かいうどんに入れるとすぐにおいしく食べられます。これがヒントになり、一度ゆでた麺を高熱の油に通してみようとひらめいたのです。すると天ぷらのように水分が飛んで乾燥し、麺の表面にたくさんの穴ができます。

そこに熱湯を注ぐと、この穴から熱湯が吸収され、麺がゆでたての状態に戻るのではと。さて、その通りにいくのでしょうか。家族が集まって試食会です。「おおおお。ホンマできとるでーー！」子どもたちが声を上げる。

そして、いざ試食。

「うまい!!!」

「これはよくできている」

しかし、奥さんの感想は……。

「味がよくわかりません……」

奥さんは泣いていました。百福がどれほど情熱をかけてここまでこぎつけたのかよく知っていたから、嬉しすぎて味がよくわからなかったのです。

「お前のおかげだ」

百福は奥さんを抱きしめました。

この作り方は「瞬間油熱乾燥法」と名づけられ、インスタントラーメンの製法特許となります。こうして1958年（昭和33年）、世界初のインスタントラーメンが完成しました。この研究に明け暮れた1年は、1日が1カ月に相当したと百福は語っています。でも、どうして百福はこれほど情熱を持って仕事に取りくめたのでしょうか。

これは、両親の死ともかかわりがあります。百福が生まれてすぐに両親とも他界してしまったので、彼は台湾で繊維業を営んでいたおじいちゃん、おばあちゃんの元で暮らすことになりました。早朝から夜遅くまで、とても熱心に働いていたおじいちゃん、おばあちゃん。百福は、子どもの頃からその仕事を手伝っていたので、物心つく頃にはひと通りのことができるようになっていました。

また、何より、一生懸命働くことはとても楽しいことなんだと、ふたりの働く背中を見て感じていたのです。両親との別れも、百福にとって、新しい出会いになったといえるのです。彼の人生は、百福ならぬ百難だったと先ほど書かせてもらいました。

でも、もう、わかりましたよね？

難＝扉なんです。

「難」が「有」るから、「有り難《ありがと》う」が生まれるのです。百福の人生に「難」が「無」かったら、きっと「無難」な人生で終わっていたことでしょう。

こうして生まれた『チキンラーメン』は、「お湯をかけて2分ででき上がるラーメン」「魔法のラーメン」と呼ばれ、時代を代表する大ヒット商品となります。実に百福48歳のときです。百福の作った日清食品は創業5年で売上げ43億円の企業に成長します。

「転んでもただでは起きるな。そこらへんの土でもつかんで来い」

「私は一度、飢えた豚になった。そこからはい上がってきたとき、『食』をつかんでいた」と百福はいいます。

「考え抜く」とは血尿が出るまで考えること

では、チキンラーメン誕生から10年後の世界も見てみましょう。

この頃になると、インスタントラーメンを作る会社が増え、チキンラーメンは伸び悩んでいました。

さて、また質問です。売上げに伸び悩むのは、何のチャンスでしょうか？

そうです。新たなる商品を生み出すチャンスです。

百福の新たなる挑戦がはじまっていました。このとき彼が考えていたのは、最初から容器に入っているインスタントラーメンでした。丼文化ではないアメリカに渡ったときに、紙コップにチキンラーメンを2つ、3つに折り、お湯を注いで食べていたのを見て、「なるほど。こういう使い方もあるのか」とヒントを得ていたのです。そこで百福は思いつきます。

1. 麺を包む包装材料であり
2. お湯を入れれば調理器具となり
3. 食べるときには食器になる

ひとつで三役をこなすラーメンをつくろう。これで目標が明確に定まりました。目標が定まったら、あとはアレだけです。

そう、執念です。

かやく（具材）は、急速冷凍して乾燥させるフリーズドライ製法を使おう。特に、赤いエビを使用することで豪華さを演出しました。カップには当時まだ新しかった発泡スチロールを使う。スープは日本人の口に合う、定番の醤油味にしよう。カップを密封するにはどんなフタを使えばいいか？　それは、アメリカに行く飛行機の中で機内食で出されたマカダミアナッツの容器がヒントになりました。その容器には空気を通さないアルミ箔が紙に貼ってあったのです。

しかし、最後まで難航したのが、カップと麺の間のすきまでした。すきまがあると、動かしたときに麺が動いてカップの中で麺が壊れてしまうのです。これでは、かやく（具材）もバラバラになって底に落ちてしまいます。これに対しては、麺のサイズをカップに合わせて麺をカップの中間でとまるように工夫し、麺を宙づり状態にすることでクリアしました。ところが工場の機械では水平に麺がうまく落ちず、製造ラインで

ＮＧが出てしまいました。この問題も百福は執念で切り抜けます。

「昼も夜も、そのことばかり考えていた。考えて考えて考え抜く。私が考え抜いたときには血尿が出る。そんなある夜、寝床の中でふと目を覚ましたとき、天井が目に映った。寝覚めの錯覚で、ハメ板がゆっくり回転し、天と地が逆になったように感じた」

このときにひらめいたのです。逆にすればいいんだと。

これまではカップを普通に置き、上から麺を入れようとしていたからダメだったんです。そこでカップを逆さにして、麺は下に置いておくことにしたのです。そして麺の上からカップをかぶせるように製造ラインに流す。まさに逆転の発想でした。

当時、カップヌードルのような商品はありませんでしたから、容器であるカップの開発にも百福は執念を見せました。片手で握れる大きさで、片手でもすべり落ちたりしない。テーブルに置いたときにすぐにこぼれない形。西洋皿のようなものがいいのか、スープ皿か、コップ状か、はたまたギザギザをつけたカップか……。30〜40種類の試作ができあがりました。

しかし、このときにすぐに決めてはいけないのです。パッと見て選ぶと派手なものが選ばれやすい。でも、5年10年と末永く愛される商品になってほしいから、ずっと見ていても飽きがこない形がいい。朝、目覚めたときにパッと視界に入ってきたときの感覚を大切にしたいと、百福は枕元にさまざまな試作容器を置いて寝ました。

社長室にも並べて、仕事の合間にも眺める。スタッフに意見を聞く。現在のカップヌードルのカップの形はこのようにして生まれたのです。

「発明はひらめきから。ひらめきは執念から。執念なきものに発明はない。インスタント食品はお客様が食べるときは即席だが、私たちが作るときは即席ではない」

by 安藤百福

仕事は執念なんです。執念とは愛です。

百福は、眠るときも必ず、メモと鉛筆を用意して寝ていたそうです。夢の中でも考えていたからです。これが執念です。

百福が成功した最大の要因は何か？

１９７１年、百福61歳のときに生まれたこのカップヌードルは、１個１００円で売り出されました。ところが問題はまだ続きます。

当時、袋入りのラーメンが20～30円だったので「価格が高い！」と扱ってくれるお店がなかったのです。

しかし「われわれはただラーメンを売っているんじゃない。食文化を売っているんだ。カップヌードルは世界を変える」と百福の情熱は変わらない。誰もが忙しく働いている時代だからこそ、カップヌードルはみんなの助けになってくれるはずと彼には確信があったのです。こうなったら、消費者の声を直接聞いてみよう。そこで彼は、銀座の歩行者天国で、試食をしてもらおうと考えました。これが当たったのです。銀座の歩行者天国は、カップヌードルを片手に歩く者であふれました。

１９９５年、阪神淡路大震災でもカップヌードルは大活躍しています。

「まるで、戦後の焼け野原のようだ……」

百福は、震災後の光景を見て、そもそも何でラーメンを作りたかったのか、開発当初の動機を思い出しました。

戦後、希望を失いかけていた人たちに、笑顔をもたらしたラーメン……。飢えと寒さと不安でいっぱいの被災地の人たちを、温かいラーメンが救ってくれるはずだ。

「いますぐキッチンカーを出動させるぞ。温かいカップヌードルを届けるんだ！」

キッチンカー「チキンラーメン号」は、給湯器を備え、その場でラーメンを作れる車です。チキンラーメン号は被災地を回り、1万5000食ものインスタントラーメンを配給しました。

2011年の東日本大震災の被災地でも、200万食のカップ麺が配られています。

「私はいまでも毎日お昼にチキンラーメンを食べながら、もっとおいしくするにはどうしたらいいか考えているんだよ」

これは百福の晩年の言葉です。

百福は、毎日毎日、チキンラーメンを食べ続け、90歳を超えてもなお元気でした。インスタントラーメンは体によくないという噂を、自分が健康でい続けることではねのけたのです。そんな彼は96歳で天寿をまっとうしました。

百福はいいます。

「人生の5年間だけでいい。本当に密度の高いことをやれば、必ずものになる」

それは、40歳を超えていたって。

それは、50歳を超えていたって。

それは、60歳を超えていたって。

安藤百福48歳。無一文からの大逆転。

「人からみれば遅すぎる再出発であったかもしれない。しかし、私は決して遅すぎたことはない、と思っている。日清食品創業は48歳だったが、もし60歳だったとしても新たな出発はできたであろう。『青春とは人生のある時期をいうのではなく心の持ち方である』というサミュエル・ウルマンの有名な詩があるが、私もその意気で、必要とあれば80歳を超えたいまも再出発する用意がある」

ここで最初の話に戻りましょう。信用組合が倒産して財産を失い、百福が何かビジネスをはじめようと思ったときのことです。

「何が儲かるだろう？」「何が自分にできるだろう？」

と、このとき、百福は一切問わなかったんです。それが百福が成功した最大の要因でしょう。儲けから発想するのではなく、自分にできることから発想したわけでもない。では、百福はどう考えたのか。

「何か世の中を明るくする仕事はないか？」

そう問うたのです。百福は「何をしたら、人を元気づけられるか？」そればかり考えていたといいます。

儲けから入っていたら、きっと彼の情熱にはこれほどまでには火が点いていなかったことでしょう。また、自分ができることから発想していたら、ラーメンにたどり着くことは永遠になかったでしょう。何しろ、百福はラーメンなんか作ったこともないまったくのドシロウトだったのですから。

「何をしたら、人を元気づけられるか？」

安藤百福の発想の原点は愛だったのです。
動機こそ、どんな花を咲かせるのかの種子となります。愛は愛に出逢う。種子に愛があれば、いつか必ず花開きます。

では最後に、ひすいこたろうが選ぶ、安藤百福の名言、第1位の発表です。
これです。

「人類は麺類」by 安藤百福

1日3食ラーメンでもいい、麺大好きな僕としては、その意見に賛成です（笑）。

青春とは、心の持ち方である。
心の持ち方とは、「何をしたら、人を元気づけられるか？」
血尿が出るまで考え抜くことである。

第2章

大ピンチを大成功に変える言葉

私のやったことの

99%は失敗だが、

1%の成功のおかげで、

いまの私がある

——本田宗一郎

「機械が空を飛んでるうぅぅ！」

１９０３年は、ライト兄弟が世界で初めて空を飛んだ年。
その３年後の１９０６年に生まれた本田宗一郎。
実は、飛行機が宗一郎少年のハートに火をつけたのです。

宗一郎、小学校5年のときです。静岡県の和地山練兵場で、飛行機の曲芸飛行のイベントがあることを聞きつけます。

宗一郎の自宅から片道20キロ以上の距離があります。だけど宗一郎は、どうしても飛行機を見てみたい。その一心で、親にも内緒で、大人サイズの自転車に無理やりまたがり、凹凸のジャリ道をフラフラになりながらもひとりで向かったのです。

なんとか辿り着いたものの、入り口で大問題が勃発。「えええええ。入場料払うの!?」。親に黙ってきた宗一郎少年に入場料を払うだけのお金などありません。そこで、宗一郎は大きな木を見つけ、その木によじ登った。すると、ちょっとだけ見えた……。

「おおおおおおおおおおおおお。飛行機だ。機械が空を飛んでるぅぅぅ！」

宗一郎は、生涯、その感動が忘れられなかったといいます。

これが、後に、世界のＨＯＮＤＡ（本田技研工業）を生み出すことになる、ミスターＨＯＮＤＡの少年時代です。

世界一こそ日本一

1954年。好景気が続いていた日本に不景気の波が押し寄せていました。

そんな中、「世界一でなければ日本一じゃない」と、本田宗一郎率いるＨＯＮＤＡは世界をめざすのです。まだたった1種類のバイクをちょろちょろと輸出しはじめたばかりのＨＯＮＤＡが、世界一のバイクレース、イギリスのマン島ＴＴ（ツーリスト・トロフィ）レースに出場すると宣言。

宗一郎47歳。本田技術研究所として創業して8年目のことでした。

このレースに出場するのは世界のトップメーカーばかり。ですから、ここでの優勝は、世界一のバイクメーカーであることの証明になります。しかし、まだ町工場が一皮むけたに過ぎなかったHONDAには無茶な挑戦でした。

しかし、ミスターHONDAの頭の中にあるのは、「世界一こそ日本一」。

目標が高いほど燃えてきます。それから1カ月後、HONDAの全社員に、ある文書が回ります。

「TTレースに出場、優勝するために、精魂を傾けて創意工夫に努力することを諸君とともに誓う」

苦しいときだからこそ、夢が必要

ところがこの直後、トラブルが押し寄せます。主力製品にトラブルが発生。会社設立以来最大の経営危機に見舞われ、レースに参加している場合ではなくなります。

しかし、宗一郎は「苦しいときだからこそ、夢が必要なんだ」と、強硬にマン島レースへの視察ツアーへと出発します。初めて見るTTレース、その迫力に度肝を抜かれた宗一郎。HONDAのマシンの3倍はありそうな馬力です。

「こりゃあ、考えたこともないレベルだわ」と思わず弱音を吐いた。

しかし、「できない」「ムリ」「不可能」と言われると、逆にワクワクしてしまう宗一郎には、「あきらめる」という選択肢はありません。

無謀なる夢への挑戦です。

しかし、結果的に、社内はこれで一気に活気づくことになったのです。


それでも、レース出場までの道は予想以上に険しく、1年目ではダメ。2年目もダメ。3年目もダメ。4年目もダメ。そして、5年目……。ついにレース出場を果たすのです。しかし、実はこの間、すごいことが達成されています。

世界一をめざすその間に、いつの間にか、HONDAはバイクの生産台数日本一に輝いていたのです。世界一をめざしていたら、あっさりと日本一に！　でも、ミスターHONDAにとっては、日本一は日本一じゃないのです。世界一こそ日本一。

そして、レース出場から2年目で、なんと優勝を果たすのです。

外国のマスコミからは、「東洋の奇跡」と絶賛されました。

「The Power of Dreams」

これこそ夢の力です。

夢に向かって進むとき、トラブルなど、トラブルではなくなります。経営不振だろうが、あらゆる難関は、燃え上がる炎にくべる薪になる。日本一をめざしたいのなら、世界一をめざせばいいのです。

夢をいつか辿り着きたい最終地点にするのではなく、通過点にしてしまえば、夢は一気に加速します。

本田宗一郎は創業間もない頃から、朝礼でミカン箱の上に立ち「世界一をめざす」と宣言していました。ちなみにこのエピソードに刺激を受けたソフトバンクの孫正義社長は創業初日、ミカン箱の上に立ち、

「5年以内に100億円、10年で500億円、いずれ1兆円企業になる」

と演説し、あまりに壮大すぎる夢を聞かされたアルバイト社員は翌日に会社を辞めた

そうです（笑）。

本田宗一郎は、右手がとてもきれいでした。しかし、左手は傷だらけ。右手はハンマーを持って叩くほうですから、きれいなまま。それに対し左手のほうは、ハンマーに叩かれて、けがをしていない指がなかったのです。取れそうになった指をつないであったともいいます。傷だらけの左手。その傷は宗一郎の悔しさの数であり、その悔しさが彼を世界のミスターＨＯＮＤＡにしたのです。

「新しいことをやれば、必ず、しくじる。腹が立つ。だから、寝る時間、食う時間を削って、何度も何度もやる」by 本田宗一郎今日はミカン箱の上に立って、こう宣言するんだ。

「このミカンおかわり！」ではなく、

「世界一こそ日本一」。

夢は目標ではなく、
通過点になったときにかなうのです。

狂ったほどの努力がないと

翼なんか生えてこない

――孫正義

「あなたは、あと5年の命です」

実はいま、僕の目の前、約20センチ先に孫正義さんがいます。

たったの20センチ先、目と鼻の先です。

目の前の孫さんは意外に小さいです。10センチくらいです。

はい。僕の机の前には孫正義氏の写真が飾ってあるんですね（笑）。この本の想定読者を孫正義氏と定めたからです。

東日本大震災での被災者支援のため、個人資産から１００億円を寄付。さらに平成23年度から引退までの孫社長の報酬全額も、震災で両親を亡くした孤児の支援として寄付するという、間違いなく現代の革命家のひとりである孫正義氏。

そんな革命家のハートをノックアウトするような本を、つくりたかったのです。


実は、孫さんも、大きな逆境を乗り越えていました。

１９８３年。創業時３人だった社員も１２５人に拡大。ソフトバンクの前身、日本ソフトバンクは、売上高45億円の企業に成長していました。しかし、その矢先、20代半ばにして孫さんは突然の病に倒れます。病名は慢性肝炎。それも肝臓がんへ進行する可能性の高い肝硬変寸前の状態。死亡リスクの高い重病です。孫さんはまだ20代にして、

「5年は（命が）もつかもしれないが……」

と診断されてしまうのです。

しかし、ずっと入院したままでは、自分より先に会社が倒れてしまうかもしれない。そこで、医者には「命を縮める」と叱られながらも、3日に1度は病院を抜け出して会議に参加します。

入院当初の夜、孫さんは、病院でひとりメソメソ泣いたのだそう。

「会社も始動したばかり。子どももまだ幼いのに、俺もこれで終わりか……」

こんなに勉強して、こんなに熱い気持ちで会社を起こしたのに、たった5年で俺の命は終わるのか……。これまで何のために仕事をしていたんだろう……。

「冗談じゃない！」

入退院を繰り返す日々の中、さらに問題が浮上します……。

当時、主力事業のひとつだったパソコン雑誌の出版が、8誌発行するうち1誌を除いて赤字に陥ってしまっていたのです。

年間赤字は2億円！

当時の役員会議では、全会一致で「出版部門は売却か完全閉鎖」という意見に達しました。孫正義氏、ただひとりを除いては。

「冗談じゃない！」

社長である孫さんは机を叩いて叫んだ。撤退論は絶対に受け入れないと。出版事業は、来るデジタル情報革命へのプロセスとして欠かせないもの。だからこそ必死に軌道に乗せた、という経緯があります。

孫さんはたびたび病院を抜け出しては、直接陣頭指揮を執り、

「これより3カ月以内に黒字にならなかった雑誌はすべて廃刊にします」と宣言。

これに、各雑誌の編集長たちは猛反発。

「あんたは出版界の経営者として適切ではない」とまで言われるも、孫さんも負けてはいません。

「お前らの（雑誌への）愛情は偽物だ。俺は本当に出版事業を愛しているんだ」

と机を叩いて、こう説明した。

「わが子が交通事故で重傷を負ったとき、医師から『片足を手術で切断すれば命は助かる』と言われたら、親は命を守ることを優先する」と。

この発言は、出版事業全体の命が奪われかねないときに、自分たちの雑誌の存続しか頭になくてどうするんだ、という孫さんの怒りから生まれた言葉でした。

口角泡を飛ばしての大ゲンカになった。

結果、このときから3カ月間は毎週会議を開くことに。さらに、各雑誌の損益計算書を提出してもらい、コスト意識を徹底させることにした。

そして読者アンケートを見直しては、「雑誌が薄い」「値段が高い」「表紙が美しくない」などの意見を、一つひとつ修正していきました。

半年後、どうなったか。

1誌を除き、すべて黒字になったのです。

その年の出版事業部の忘年会。

「本当に、みんなよく頑張ってくれた」

その一言だけ発し、孫さんは声に詰まり、黙ってしまった。

そのとき、一筋の涙が頬を流れた……。

孫社長が初めて社員に涙を見せた瞬間でした。

本当にほしいものはなんだ？

ちなみに孫さんは、入院中に経営書、歴史書、コンピューター書などあらゆる種類の本を3000冊以上買い込んで病室のベッドでむさぼり読んだそうです。

そのときに、若い頃に読んで感銘を受けた司馬遼太郎の『竜馬がゆく』（文藝春秋）

も改めて読み直した。龍馬は脱藩してから、約5年で日本を変えています。「5年はもつかもしれないが……」と宣告された自分の寿命。「あと5年もあれば、相当大きなことができるのではないか」と孫さんは思い直しました。そして

「たかが自分の命くらいでくよくよしてどないするんや。もっと大きく構えにゃいかん」

と思うきっかけになったのです。

残りの命が5年だとしたら……

家もいらん。車もいらん。物欲は全部なくなった。では、本当にほしいものはなんだ？

「生まれたばかりの娘の笑顔が見たい」

そう思ったそうです。

「5年はもつかもしれないが」と宣告されたときに実は、孫さんには娘さんが生まれていたのです。ずっとこの子を見ていたい。ほんとうに大切にしたいのはこの時間だ。

すると、

（それだけでいいいか？）

という内なる声が聞こえたようです。

いや。家族みんなの笑顔が見たい。

（それだけでいいいか？）

いや。社員の笑顔も見たい。

（それだけでいいいか？）

いや。お客さんの笑顔も見たい。

そうだ。俺はみんなの笑顔を生み出すために残りの命を捧げよう。

死と向き合った闘病生活は、孫さんの人生の価値観を見つめ直す貴重な時間になったのです。

業界ナンバーワンになりたい理由

孫さんのおばあちゃんはいつも言っていた。「人様のおかげだ。どんなに苦しいことがあっても、どんなにつらいことがあっても、誰かが助けてくれた。人様のおかげだ。だから絶対、人を恨んだらいけない」

14歳のとき、韓国から日本に渡ってきたおばあちゃん。韓国籍で日本語もカタコトで、知り合いもなく、おまけに戦争も体験した。でも、「人様のおかげだ」、これが、苦労の連続だったはずのおばあちゃんの口ぐせでした。

死と向き合って、孫さんは、大事なのはお金じゃないんだ、そう気づいた。地位でも名誉でもないんだ。そう気づいた。

おばあちゃんがやっていたような、人に喜んでもらえること。そういう貢献ができたら幸せだ。入院してから、なおさらそう思ったそうです。

そして、3年間の入退院を繰り返して迎えた1986年。なんと画期的な治療法が見つかり孫さんは見事に復活！　完全復帰を果たしたのです。

「私の事業で、たとえば世界のどこかの小さな女の子がにっこり微笑む。そんな一瞬のために、業界ナンバー1になりたい。いつも本気でそう思っています」by 孫正義

あなたにとって幸せってなんですか？
一番大切なことは、一番大切にしたいことを、
一番大切にして生きること。

なんの浮世は三文五厘よ。
ぶん、と屁の鳴るほどに
やってみよ

——坂本龍馬

彼女に会いに行って斬られたツイてない男

幕末のヒーロー坂本龍馬の人生をよく見ていくと、実はツイてないことの連続だったことがわかります。

龍馬が、後の妻であるお龍《りょう》さんが働く京都の旅館・寺田屋に、久しぶりに戻ったその夜に、幕府方100人に囲まれて命からがら脱出。

命は助かったものの、手を深く斬られて大量の出血。よりによって久々に彼女に会った夜に襲ってこなくても、ってところです。

「ゆっくりチューくらいさせてほしいぜよ」

これが龍馬の本音だったと思うのです。

なんてツイてないんだ、リョーマ！

さらに、「カンパニーじゃあー」と貿易会社・海援隊を立ち上げたものの、一向に船が手に入らない。ようやく船を手に入れ、意気揚々と初船出したと思ったら、その船は沈没してしまうのです。

なんてツイてないんだ、リョーマ！

これが日本初の蒸気船同士の衝突事故、「いろは丸事件」です。

当時、龍馬32歳。龍馬は小型蒸気船いろは丸に乗り込み、長崎を出港。海援隊として初の航海で、隊士たちに「今日をはじめと乗り出す船は 稽古始めのいろは丸♪」という舟歌を歌わせながら、ルンルンと船を走らせていました。

ところが、なんと瀬戸内海で蒸気船・明光丸に衝突。龍馬たちは明光丸に乗り込み、命は助かったものの、いろは丸は沈没してしまうのです。

おまけに相手は徳川幕府の御三家・紀州藩でした。脱藩浪士の集まりである龍馬たちに、これでは勝ち目はありません。借りた船は沈没し、売ろうとしていた積み荷は全部海の底に。リョーマは膨大な損失を抱える大ピンチに追い込まれました。

なんてツイてないんだ、リョーマ！

大ピンチに歌を歌って復活

しかし、ここから龍馬の復活劇が始まります。龍馬たち海援隊は明光丸の過失を主張。

相手は徳川御三家、紀州藩。一方、海援隊は、事実上、チームフリーターです。王者・徳川御三家vsチームフリーター。普通ならここは泣き寝入りするしかありません。

しかし、龍馬はあきらめなかった。どうしたかというと、

sing a songです！

船を沈没させられて、賠償金を取るのに作詞作曲で立ち向かったのです！

「♪～船を沈めたそのつぐないは金を取らずに国を取る
はあ～よさこいよさこい♪　国を取ってミカンを食らう♪　よさこいよさこい～」

「そんなに逃げていると金を取らずに国ごとのっ取って、和歌山のミカンを食べちゃうぜよ、よさこい、よさこい」と歌ったのです（笑）。

歌をつくって町でみんなに歌ってもらい、この事件に世間の注目を集めさせ、紀州藩を逃げにくくさせたのです。相手は御三家、プライドがありますから。

それだけではありません。裁判を幕府主導でやらせたら、勝ち目はありませんから、公平にさせるために龍馬は『万国公法』という世界のルールブックを持ち出したのです。

龍馬、ただのシンガーソングライターじゃないんです（笑）。

さらにです。龍馬は交渉の場で仲間にいじめられていたんです。

「龍馬、何をグズグズしてるんだ！アホか、お前！ボケ、カス！」

「龍馬、交渉なんてぬるいぬるい。紀州藩ごとき、国ごと取ればいいんぜよ」こんな感じで、龍馬は仲間に強く責められていたんです。

交渉の場で、なんと仲間にいじめられる龍馬。すると、紀州藩のメンバーたちはこう思いはじめました。

「おいおい、リーダーの龍馬があんなにいじめられてるぞ。海援隊のやつら、怒らせたらヤバいぞ。彼らの言うことを聞かないとまずいんじゃないか」

実は、これも龍馬の作戦でした。交渉に同行させた海援隊のメンバーにワザと刀を帯びさせ、自分を強く責めさせたのです。相手をビビらせるためにです。

転んでもただでは起きない男

事故から1カ月後、紀州藩は海援隊に賠償金8万3526両198文を支払うことで事件は決着。いまの億単位に当たるお金です。

何でこんなにお金を取れたかというと、龍馬がいろは丸の積み荷にミニエー銃400挺を積んでいたと主張したからです。

しかし、現在まで水中調査を4回やっていますが、ミニエー銃はおろかひとかけらの部品さえ見つかっていません。つまり、龍馬はハッタリをかまして、積んでない銃のお金までガッポリいただいた可能性があるのです。

転んでもただでは起きない男。

チームフリーター海援隊、御三家・紀州藩を破る！

歌って、世界のルールを持ち出して、最後は大芝居！


大ピンチに歌う男。

大ピンチに世界に視点を向ける男。

命を狙われている最中にお龍さんと花火デートに行く男。

龍馬は自身の活動を「大芝居」と手紙の中で表現しています。

龍馬にとって、命懸けで、新しい日本を作ろうとしていた活動は「大芝居」だったのです。


ちなみに龍馬は超オンチだったそうですが、気持ちよさそうに歌う男だったとか。

では最後に、みんなで歌って龍馬の話を終わりにしよう。

「♪〜国を取ってミカンを食らう　はあ〜よさこいよさこい〜」by 坂本龍馬

ピンチのときほど鼻歌を歌ってみよう。
だって、この世界は舞台だ。
人生は大芝居だ。
はあ〜　よさこい♪　よさこい♪

東京に
世界一のタワーをつくって、

復興の希望の証として、
日本人に自信を与えたい

――東京タワーをつくった96人の職人

焼け野原に世界一の塔を！

坂本龍馬ら革命児たちによる明治維新で、江戸は、東京として生まれ変わりました。

しかし、1945年、太平洋戦争の空爆により、その東京は見るも無残な焼け野原となりました。まったく何もなくなったのです。

その敗戦から10年。

当時世界に誇れる工業製品もほとんどなかった日本に、世界一をもたらそうと挑戦が始まります。世界一の塔、東京タワーをつくろうという史上最大の作戦です。それまで日本で一番高い鉄塔は名古屋テレビ塔で180メートルでした。その2倍近い高さのタワーを、台風も来る、地震もある、そんな国でつくろうというのです。

そのためには、台風の風をまともに受けないように鉄骨はぎりぎりまで細くする必要があるし、地震への強度を確保するためにミリ単位で組み上げる必要もある。

それで4200トンに及ぶ重量の鉄骨を組み上げられるのか？

一体、誰がやるんだ？　一体、何人死ぬんだ？

そんな中、職人たちの命をかけた挑戦がはじまりました。

東京タワーの特別展望台よりさらに上には、関係者以外立ち入ることのできないエリアがあります。そこには1枚の金属製の碑銘が打ち込まれています。刻まれているのは、タワー建設にかかわった96人の技術屋たちの名前。

その中に名を連ねる一人、鳶《とび》職人・桐生《きりゅう》五郎。当時25歳。

腕前と度胸で若手の筆頭を任された男でした。


もちろん当時は大型クレーンなどもない。引き上げた鉄骨は、狭い足場に立つ鳶職の男たちが手作業で組み込んでいく。長い物になると20メートルを超える鉄骨になる。そんな長い鉄骨をいままで誰も組み立てたことはないのです。

その鉄骨の最上部で仕事を進めていたのが桐生五郎さんです。

目のくらむ高さで、死と向かい合わせの作業。冬になり寒波が襲い足場が凍りついた日もあった。

桐生さんも10回転落し、いずれもかろうじて一命をとりとめています。

東京タワーに秘められた東京ラブストーリー

ある日、桐生さんに1本の電話が入ります。母親からのお見合いの話でした。

「母ちゃん、いま、俺は命がけで仕事してるんだ。

そんなときにお見合いだと!?

うん。でも、お見合いは絶対行くから！」

そんな会話があったかどうかわかりませんが（多分なかったと思います）、彼はお見合いをすることになったのです。

桐生さんは半日だけ休みをとってお見合いの相手に会い、その後、母親にすぐに結婚を申し込んでくれと伝えました。

一目惚れでした。でも、彼女の返事は……来なかった。当時、彼女にはほかに気になる人がいたからです。

そして、いよいよ東京タワーの完成が目前に迫った日。最後の難関、関東全域に電波を発信する巨大アンテナが運び込まれてきました。

このアンテナを塔のてっぺんに設置する、史上例のない引き上げ作戦。現場監督と桐生さんは高さ280メートル付近の仮設鉄塔の上に立っていました。足幅はわずか15センチほどの鉄骨。しかも強風で右に左にユサユサ揺れている。下を見たら米粒ほどの人の姿。

そんな中、桐生さんは夜明け前からもう数時間も鉄塔の上でその瞬間を待っていました。そのときです。足場が大きく揺れた。風が秒速16メートルを超えた。

「危ない!!!」

みなが鉄塔にしがみついた。落ちたら即死……。

現場監督は直ちに作業の中断を命じました。巨大アンテナは、上空で宙ぶらりんになった。命がけで鉄塔で待つこと1時間。ついに監督は「今だー」と決断し再び号令をかけました。重さ数十トンの巨大アンテナがゆっくりゆっくりと持ち上がってくる。15時47分、歓声が上がった。巨大アンテナは見事333メートルの高さに取り付けられたのです。

桐生五郎は震えました。世界一の東京タワーが完成した瞬間でした。

東京タワー完成の翌日、桐生さんは祝言を挙げました。相手は、あのお見合いをした女性です。実は彼女、お見合いの返事を出しかねているときに、東京タワーをつくっている現場をこっそり見に行ったのです。

桐生さんは塔の上でスイスイと動き回っていました。「この人、すごい人なのかもしれない」。そのとき、彼女のハートはときめきました。返事をもらった桐生さんも決めた。

世界一の東京タワーを完成させたら、彼女と結婚する。

東京タワーの建設には、そんな恋の物語が隠れていたのです。

やってやれないことはない

実は、東京タワーに使われた鉄鋼の量4200トンの3分の1強が、米軍の戦車を使用したものです。当時、鉄が不足していたからなのですが、悲しみを生んできた戦車が、日本の地で日本人の手で解体され、溶かされ、希望のシンボルとして生まれ変わったのです。

悲しみを喜びに再生したのが、あの東京タワーなのです。

「東京に世界一のタワーをつくって、復興の希望の証として、日本人に自信を与えたい」

96人の職人たちのそんな情熱が東京タワーにはこもっているのです。

あなたに勇気と自信を持ってもらいたいと、命をかけた職人たちがいたのです。

そして焼け野原から、見事に東京は復活しました。

東京タワーが完成した1年後、関東地方に伊勢湾台風が上陸しました。

東京タワーにも猛烈な強風（風速52メートル）が襲いかかります。どうなる東京タワー!?

東京タワーはびくともしませんでした。

ラブラブな桐生五郎の仕事にぬかりはない（笑）。

「やってやれないことはない。やらずにできるわけがない」

この言葉は、彫刻家・平櫛田中《ひらくしでんちゅう》の言葉ですが、まさに日本人のスピリットを表した言葉だと思います。

これから、東京タワーを見る度に、日本人に希望を与えたくて命をかけた男たちが脳裏に浮かんでくることでしょう。東京タワーはあなたにこうささやいてくるはずです。

「やってやれないことはないよ」

命がけで仕事に打ち込んでいても、お見合い話は断るな（そこ？）。
どんなに焼け野原になっても
希望が焼けることはない。

第3章

逆境を乗り越える言葉

士魂商才

侍の魂を持って
商売人の才を
発揮せよ

――出光佐三

何のために生きるのか？

偉人伝を書いていて、気づいたこと。

偉人たちはそれぞれキャラ（個性）はバラバラでも、明らかに共通する一点がありました。それは一体、何だと思いますか？


自分だけよければいい、と1ミリも考えていないところです。


自分の幸せしか眼中にない自己チューなマザー・テレサ。

神社で「来年こそモテますように」と自分のことばかり祈願している坂本龍馬。

ね？　何だか想像つかないですよね？（笑）。


では、生涯にわたって、自分だけよければいいとは一度も考えなかった男に登場いただきましょう。サムライの魂を持ったビジネスマン、出光佐三です。

人は何のために生きるのか？

人は何のために働くのか？

その答えを身をもって示し、世界を震撼させた日本人です。

1006人、ひとりもクビにしない！

原子爆弾が広島と長崎に落とされ、敗戦を迎えた1945年8月15日。

日本が負けた日、出光佐三はこう言い放ちました。

「さあ、これからは、僕がアメリカと戦争をする番だ」佐三はこう思っていました。

「日本は負けたのではない。日本の真の姿を全世界に示す絶好の機会が訪れたのだ」

戦後の焼け野原、会社も工場も閉鎖され、日本は1500万人もの失業者を出しました。そんな中、出光の会社、出光興産は1006人ものスタッフを抱えていました。この未曾有《みぞう》の経営危機をどう乗り越えるのか。海外に主力の事業を移していた出光興産は敗戦で全事業が消滅。ここは、生き延びるために、まず社員を解雇するのが最優先事項です。実際、ほとんどの当時の会社はそうしていました。しかし、出光佐三の決断は違いました。

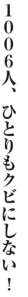

「ひとりもクビにしない。全員引き取る」

と宣言したのです。

仕事も設備もお金もないにもかかわらず1006人を食べさせていくぞと。役員たちは、当然「ムリだ」と大反発しました。ところが佐三はこういって笑ったのです。

「三度の飯が食えないなら二度に減らしても人員整理はしない。会社がいよいよダメになりよったら、みんなと一緒に乞食ばするまでだ」

世間には、「出光は、頭がおかしくなった」「発狂した」、あげくには、「自殺した」とまで噂が流れた。でも、佐三は正気も正気でした。いざとなったら、みんなで乞食をすればいいじゃないか。

最悪の事態への覚悟が決まっている男に、もう恐れはない。

そして社員たちの前でこう演説します。

「私はこの際、諸君に三つのことを申し上げます。
一、愚痴をやめよ
二、世界無比の（日本の）三千年の歴史を見直せ
三、そして今から建設にとりかかれ」

これは、第二次世界大戦敗戦、なんと2日後の演説なんです。敗戦2日後には、いまから、新しい日本の建設にとりかかれと檄《げき》を飛ばしているのです。そして、焼けてなくなった社員名簿を作らせて、完成した際には、嬉しそうにこうつぶやいたそうです。

「ほう、これが俺の財産目録か」

お金が財産じゃない。社員たちこそ最高の財産だと。

佐三は戦前にコレクションしていた貴重な書画骨董を売りに出し、足りない分は借金をした。そして、ぎゅうぎゅうの満員列車に乗り込み、自らその足で社員たちの実

家を訪ねて回りました。当面のお金に困っている社員にはお金も渡しました。このとき、出光佐三60歳。すでに還暦を迎えているのです。どんな逆境だろうが、１００６人、ひとりもクビにしない。なぜなら社員は家族だからです。

家族にクビはない。家族にはタイムレコーダーもないし、出勤簿もないし、定年もない。だから出光興産にはクビもないし、タイムレコーダーもないし、出勤簿もなければ、定年もなかったんです。

「定年はその人の心にある。もう自分は働けないと判断したときがその人の定年です」

これが佐三の考えです。

佐三の家族愛に心を打たれ、社員たちが一致団結します。石油販売会社であった出光興産でしたが、生き延びるために、やれることは何でもやりました。

ラジオの修理から印刷業、さらに農業をし、醤油造りをし、定置網漁までもやりました。そして戦後の大混乱を家族みんなで乗り越え、石油販売を復活させるのです。

もちろんひとりもクビを切らずにです。

家族だから、何があっても信頼するんです。あるとき、時間外労働に手当をつけたら、誰も居残りをしなくなったそうです。社員にそのことを聞いてみると、「私たちは、仕事が残っているからそれを片づけているのであって、手当をもらうために会社に居残っているのではありません。生活は安定しているので、手当は不要なのです」と答えたそうです。

信頼されたら、信頼に応えたくなるのが人間です。愛で育てられたら、愛で応えたくなるのが人間です。人生では「与えたもの」が「受け取るもの」になるのです。そして家族だからこそ、佐三は教育にも厳しく、一切手を抜かなかった。佐三自ら手取り足取り、伝票の書き方、掃除の仕方まで細かく指導した。社員たちは佐三のその真剣な眼差しに間近で触れました。

仕事って、こんなに本気でやるんだ!

と。

お金ではなく、人こそ最大の資本であると考えていた佐三。そして、人という宝石の原石を磨いてくれるのが試練、困難です。だから、効率よくラクに儲けるという道を佐三は選ばなかった。道が2つあったら、困難な道を選んだ。佐三が示した愛は、試練という困難をくぐり抜けてこそ、真に輝くのです。

大英帝国　vs　日本のイチ民間企業

その試練のときがやってきました。1952年（昭和27年）。当時、世界の石油の多くは、欧米の巨大資本、国際石油メジャー（セブン・シスターズ）によって牛耳られていました。日本の会社も、大手はすべて、この石油メジャーの資本によって支配されていました。ただ1社、出光興産をのぞいて。

佐三は、独占は消費者のためにならないと、欧米の支配に対して断固「NO！」といい続けてきました。石油を思うように仕入れられないという妨害、嫌がらせを幾百と受けても佐三は一切妥協しなかった。

そんなときに、イランから佐三に「石油を買わないか」と打診が届きます。それまでのイランはイギリスに憐れなほど搾取されてきたという歴史があります。石油で稼いだ巨万の富はイラン国民には還元されず、イギリスにもたらされていました。

イランのイギリス人たちが住むエリアは、芝生と花園と緑に覆われている一方、イラン人の住む場所はスラム化し、人口の80パーセントが慢性的な栄養失調に陥っていました。この状況をなんとか打破しようと、モハンマド・モサッデク首相が国民議会を掌握して石油の国営化を宣言します。しかしイギリスはこれを認めず、イランの石油はイギリスのものであると通告し、「イランから石油を買って運ぶ船は、見つけ次第撃沈する」とペルシャ湾に艦隊を出動させ威嚇し監視しました。佐三は、そんなイランから、「石油を買ってほしい」と依頼を受けたわけですが、一度は「時期尚早」と見送っています。

ムリもない。たとえばあなたの会社が、大英帝国の軍隊と一騎打ちをすることになるかもしれないとしたら……。そんな危険な商いに身を乗り出せるわけがないですよね。イギリスは「見つけ次第撃沈する」と宣言しているのですから。

ところが、イラン側から佐三に再度アプローチがあります。イランは必死だったのです。イギリスは、他の国にイランとの貿易を禁ずるように通告を出し、イランは経済封鎖され孤立していたからです。イタリアのタンカーが、石油をイランから買い付けようと乗り込んだものの、イギリス艦隊に捕まってしまうという事件も起きました。これでもうイランから石油を買おうという国は完全になくなりました。

経済封鎖され孤立するイランが佐三に希望を託した理由は、出光興産は、国際石油メジャー（セブン・シスターズ）に支配されていない、極めて珍しい石油会社だったからです。

なんとかこのラブコールには応えたい。佐三もあらん限りの情報を集めました。そんなときに、アメリカが、イランが海外に石油を輸出できるように援助をするという情報が入ってきます。また、オランダ・ハーグの国際司法裁判所が、イランの石油施設の国有化を認める方向で動いていると情報が入ります。ここで、佐三は決断をくだします。

「イランへ乗り込む」と。

国際司法裁判所が、イランの石油はイギリスのものではなくイランのものであると認めたならば大義はイランにある。いまこそイラン国民を救うときだ。そして、産業の血液である石油をイランから輸入できれば、国際石油メジャーの支配と搾取を打ち破り、安価での石油の安定供給を日本にもたらすことができます。

これは、大いに日本国民のためになる。ならば命をかけるに値する。たとえ敵が、あの大英帝国でも……。

一方、イギリス側はあくまでも強気でした。世界各国の新聞にこう広告を出しています。

「イランの石油を買った者には英国政府とともにいかなる措置をとることも辞さぬ」「いかなる措置をもとる」。大英帝国は本気です。

しかし佐三の決断は変わらなかった。

大英帝国vs日本のイチ民間企業・出光興産。

すべてはイギリス側にバレずに事を進める必要があります。佐三は、水面下でイランへ送るタンカーを国内の船会社に借りる手配をします。ところが、土壇場でタンカーをなぜか引き渡してくれないという事態に。どこからか圧力がかかったのか。

しかし、ここでその船会社とケンカをしては秘密が外部に漏れてしまう危険性があります。佐三はグッとこらえた。もう、ここは「日章丸」を使うしかない。日章丸とは、アメリカから石油を輸入してくる出光興産が所有する唯一のタンカーです。これがイギリス軍に捕まれば、出光興産は一巻の終わりです。同時に、船長である新田辰男が、この命がけの航海を引き受けてくれるか、という問題もありました。新田の答えはこうでした。

「こんなこともあろうかとペルシャ湾の航海の研究をしていた」

16歳から船に乗り、間もなく還暦を迎える新田船長でしたが、このミッションに、静かに燃え上がっていたのです。すべてを秘密裏に実行すべくプロジェクトチームが結成され、船の通信暗号も作成された。そして佐三は、最終段階で外務省の経済局長を訪ね、秘密の計画を明かしました。

「日本にとってこの計画に大きな問題があるというのなら、潔くやめる。どう思うか」

「決定的な問題があるようには思えない。ただ、外務省としては対英国外交上、事前に承諾を与えるわけにはいかない」という回答でした。外務省にもちゃんと筋は通した。佐三は、その足で京都の岩清水八幡宮（水運の神）に参拝。その後、龍安寺に向かい、寺の石庭を眺めながら、いま一度、自分の心と向き合った。

イギリス軍が日章丸を撃沈したら、船員55人はみな死ぬことになる……。

そんな危険を冒してまで船員たちをイランへ送り込んでいいのか……。

いや、そこまではしないだろう。徹底的に調査をした。いまの状況ではイギリス軍とはいえ、せいぜい船を拿捕《だほ》する程度だろう……。でも万が一……。

そもそも何のためにイランへ向かうのか……。

何のためだ……？　何のためだ……？

佐三はもう一度目的を見つめ、石庭をあとにした。佐三の覚悟は決まった。そして、ついに新田船長率いる日章丸はイランへ向けて旅立ったのです。

「ああ、日本にもこんな強い人がいた！」

日章丸はペルシャ湾に入ると、秘密がバレないように一切の交信を絶ちました。出光興産本社への打電も例外ではない。ここから先は誰も状況はつかめない。佐三も、もう祈るしかなかった。……電話が鳴った。出光興産の本社に新聞社から電話が入ったのです。

「ＵＰ電が（イランの）アバダンに日本船が到着したと伝えていますが、お宅の船ではありませんか？」

その後も外電が次々に入ってくる。日章丸が無事イランに着いたのです。もう隠す必要はない。佐三は外務省に行き日章丸の到着を報告し、記者会見を開いた。

このとき、記者のひとりがこう質問しました。

「現代の紀伊國屋文左衛門のご感想を聞きたい」紀伊國屋文左衛門とは、江戸時代に紀州から江戸まで、大嵐の中、ミカンを運び、一代にして巨万の富と名声を築いた商人です。佐三の答えはこうでした。

「紀伊國屋文左衛門といわれたが、とんでもないことです。思い違いも甚だしいというべきでしょう。諸君は私が一出光のために、これを決行したと考えておられるのでしょうか。断じて違います。私はそんなちっぽけな目的のために、日章丸と50余名の乗組員の貴重な生命を危険に晒《さら》すようなことはしません」

自分たちのため……そんなちっぽけな目的じゃ命を張れはしない。

貧窮するイラン国民のため。石油をセブン・シスターズの独占から守るため。そして日本国民のため、です。

誰にとって、どんな存在として生きたいか、その問いの答えこそが、あなたの生きる理由です。

人は人のために生きると決断したとき、自分を超えるのです。

「決断」とは、文字通り、「決」めて退路を「断」つことです。かつてのサムライとはそういう人たちでした。出光佐三、このとき68歳です。

「ジャポン、ジャポン」と、イランでは、日本の船が命がけで来てくれたことに拍手喝采で迎えてくれた。それを見た新田船長の胸には熱いものがこみ上げてきました。時を同じく、日本国民も沸いていた。敗戦で、暗く沈んでいた国民の心に勇気と希望のあかりを灯したのです。出光興産には感激の手紙が山のように届きました。

ある主婦の手紙にはこう書かれていました。

「誠に一日本人として感激してしまいました。敗戦以来、男も女もただ卑屈としか思われぬほど、外国人に対して取ってきた態度、また過去の過ちを過ちとして認め日本人としての誇りを持って再び世界平和のために努力をしなければならぬときに、余りにも情けない現状に悲憤を感じていました矢先に、日本にも男らしい社長さんがおられたということは一大発見で、この方のもとに働く方々の幸福がうらやまれます」そして手紙の最後は、こう締めくくられていました。

「ああ日本にもこんな強い人がいた」

無事、イランで石油を積んだ日章丸でしたが、イギリス軍の目をかいくぐって日本まで戻れるか。本当の戦いはこれからです。

ペルシャ湾最奥部は水深が浅い。海図を見ても状況がわからず、手探りで航海するしかない難所です。ガソリンを満タンに積んだ日章丸の船底と海底との間は1メートルもないような、ギリギリのところを抜けていかなければならない。座礁したらそこで一巻の終わりです。一瞬も気が抜けない航海が続きます。そうして、シャットル・アラブ河を下っていくと……。

グオーン。

その一瞬、船が揺れた。

日章丸のプロペラが、泥を巻き込み、水面がドンドン濁っていきます。川底に乗り上げてしまったか……。

「フルスピードだ!!」

と新田船長は即座に指示を出します。エンジン出力を上げ、日章丸のスピードが増していく。船員たちも息を呑み見守る。ここまできて座礁では死んでも死にきれない。

泥が吐き出され、水がさらに濁っていく。エンジンがどこまでもつかわからない。しかし、ここはフルスピードだ！

抜けられるか？　もう祈るしかない。

船がすっと加速した。

抜けた！

船員たちはほっと胸をなでおろした。難所を乗り越えたのです。しかし、安心するのはまだ早い。イギリス軍に飛行機で機雷をいつ落とされるかもしれないという状況は変わらない。小舟に爆発物を載せて日章丸に衝突させるという手だってあります。

甲板員には見張りを徹底させました。

イギリス海軍はどこで待ち構えているのだろうか……。

新田船長は、マラッカ海峡にイギリス海軍が待ち構えていると読みました。しかし、マラッカ海峡を通らないとなると、遠回りしてスマトラとジャワの間のスンダ海峡を通り日本へ向かうことになります。となると、ここで2日以上貴重な時間をロスすることになります。どっちへ向かうか……。ここが運命のわかれ目です。

新田船長は、五感すべてを研ぎ澄ませ静かに自分の内側に問いました。

どっちだ？

イランのために、日本のために、そして、50人を超える船員を守るために無事日本へ戻ってみせる。日本へ戻り、あの出光社長の笑顔をもう一度見るんだ。

「ここは遠回りだ！」

新田船長は自分のカンにかけた。

実は、この読みがピタリと当たったのです。アラビア海、そしてマラッカ海峡には、イギリス海軍が待ち構えていたのです。新田船長のカンと独自の航海術で、日章丸はイギリス海軍の包囲網をくぐり抜けたのです。こうして日章丸は48日間の航海を終えて、無事、日本にたどり着きました。港には、バンザイ、バンザイの声がこだましています。そこに新田船長が下りてきます。待っていた佐三も前に歩み寄る。ふたりは目を見合わせ、ガッチリ握手を交わした。

「よく戻ってきてくれた」佐三が声をかけた。

ふたりの瞳には涙があふれていました。

ともに命をかけた乗組員たちに歓声が湧き起こった。
これがサムライです。彼らは日本人の誇りを全世界に示しました。

サムライの語源は、「さぶらう」という動詞です。大切なものを守る、という意味です。

イギリス側は外務省を訪れ、厳重な抗議をしました。しかし、佐三は記者会見を開き、「イラン石油の買い入れは国際的にも国内的にも公正な取引であり、英国政府の関与すべき筋合いではない」と堂々と述べます。日本の産業界からも「イラン石油輸入を積極的に支援する」との声が続々と上がりはじめた。結局、イランの石油を支配していたイギリスの石油会社と裁判になるものの、出光興産の全面勝利で終わります。

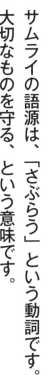

「金を儲けよ！」ではなく、出光は何といっていたのか？

これが、世界を仰天させた「日章丸事件」です。このときに、イランのモサッデク首相の語った言葉をご紹介しましょう。

「日本がイランの石油を買う決心をされたことは感謝に堪えない。日本はイランの救世主であると思っている」

そしてこういってくれています。

「日本人の偉大さは常にイラン人の敬服の的であり、その勇猛果敢な精神に感嘆している」

イチ民間企業ながら、大英帝国と真っ向勝負したビジネスマンたちがかつて日本にいたのです。佐三の右腕であった、後の出光興産の3代目社長となる石田正實《まさみ》は、佐三と40年を超える長いつき合いの中で、「金を儲けよ」と一度たりともいわれなかったと語っています。

それでは経営者である佐三は、何といっていたのか？

「人を愛せよ」

でした。

人とは、社員であり、お得意さんであり、さらに日本国民でした。また、「何もいわないでいいから、相手の立場になって考えてやる、というのが愛」と佐三はいっています。特に、強い立場の人が弱い立場の者をいつも考えることをいっているのだそうです。

出光はなぜ6月20日に創業したのか？

身長167センチ。中肉中背、銀縁メガネをかけたサムライの魂を持つビジネスマン。出光佐三、彼の原点はどこにあったのでしょうか。

出光佐三を形作った原点のひとりに、彼が通った高等商業学校、神戸高商（現・神戸大学）の水島銕也《てつや》校長の存在があるといっていいでしょう。福沢諭吉の友人でもあった彼は、まさに愛の人なのです。生徒全員と面接し、自宅に招いては家庭の話を聞き、本人のことをよく理解し、就職の希望まで聴き、自らひとりひとりの就職の世話をしていたのです。就職後も自宅に呼び寄せては面倒を見ていました。こんな校長先生がいたのです。まさに生徒各人と我が子のように接した。この水島校長が大切にしていた精神が、

「士魂商才」

でした。

サムライの魂を持って商売人の才を発揮せよ、

ということです。

佐三が大事にしてきた「儲けるための事業ではなく、人間尊重と日本の国のために貢献するための事業」の柱となった精神です。佐三が会社を立ち上げた際に、真っ先に事務所の正面に飾ったのが、「士魂商才」と水島校長に書いてもらった額でした。「ｅｄｕｃａｔｉｏｎ」（教育）の語源はラテン語の「ｅｄｕｃｏ」。「引き出す」という意味です。水島校長の愛が、まさに佐三の愛を引き出したのです。

愛で愛を引き出す。これが本当の教育です。そして、佐三にとっては、それが本当

の経営の目的でした。「石油のことは、些事《さじ》である」と語っている通りです。

本来ならば石油は本業のはず。しかし、それは些細なことであると。

佐三にとって仕事とは、人のために生きられる、愛の人を生み出すための手段だったのです。

だから、アメリカへ石油の販売に行く社員には、こういっています。

「君たちは、米国に油を売りに行くのではない。日本人の姿というものを、米国人に示してもらいたい。お互いに譲り合い、助け合い、仲良く一致団結して働く日本人の姿を、米国人に見せてくるんだよ」と。

ちなみに佐三が出光興産を創業したのは6月20日です。ずっと前から、創業はこの日に決めていたのです。

この日は何の日だと思いますか?

佐三のお母さんが生まれた日です。

「現在でも母を思い出すときは、働いている母の姿が出てくるんだよ。ぜいたくを慎みながら一生懸命働くということは、僕の一生の基礎を作った」

出光佐三を形作った原点のもうひとりは、そう、お母さんの存在です。

8人兄弟の上から3番目だった佐三。佐三は、父親同士の約束で親戚の呉服屋に養子へ行くことになっていたのですが「イヤだ」と抵抗しました。このとき断固として佐三の味方をしてくれたのがお母さんでした。佐三のお墓は故郷の福岡県の赤間にあります。大きな先祖の墓があり、その次に大きいのは父と母の墓です。そして一番小さく質素なお墓が佐三の墓です。これは生前の佐三の指示によるもので、佐三の性格をよく表しています。

ところで、生前一度も「金を儲けよ」といわなかった男の遺産額はどれぐらいになったと思いますか？

なんと、その資産は77億円を超えていました。

自分の都合を考えず、常に社員のこと、お得意さんのこと、そして日本国民のことを一心に考え行動し続けていった結果、いつの間にか膨大なお金が集まってきていたのです。どうやら、お金は多くの喜びを生み出してくれる人のところへ行きたいようです。お金だって、喜ばれたいからです。

佐三の「佐」とは「人をわきで助ける」という意味です。

人を二度、三度と助けるたびに、心の光が湧き出ずる。

それが「出光佐三」という名前です。

両親からプレゼントされた「氏名」に込められた「使命」を、佐三は見事に果たしたのです。

自分の都合を考えているとき、出てくるのは恐れ。
人のことを思いやるとき、湧き上がるのは勇気。
恐れで生きるか、勇気で生きるか。

亡くなった人の分まで
体を使おう
亡くなった人の分まで
頭を使おう

亡くなった人の分まで
心を使おう

――間瀬慶蔵

「やっておけばよかったって絶対言いたくない」

グオーーーーーーーーーーーーーーーーーーーー。


見たこともない黒い壁のような津波がやってきた。

2011年3月11日。東日本大震災発生。

三陸の豊かな海の恵みを受けた漁業の町、岩手県山田町は町ごと流されました。

山田町で「スーパーびはん」を経営する間瀬慶蔵《ませけいぞう》さん（当時33歳）の自宅も波にさらわれ、経営するスーパーも壊滅。

間瀬さんは、「次の波がきたら絶対自分も死ぬ」、そう思ったそうです。

間瀬さんはこのときはっきり気づいた。人はいつか必ず死ぬ存在であると……。

幸い、間瀬さんは、なんとか生き延びることができました。死と直面した間瀬さんは、被災直後にこんな思いが湧き上がってきたといいます。

「やらないと後悔する。やっておけばよかったって絶対言いたくない」

「あきらめたくない」

震災直後といえば、まだまだ余震があり、みんなが何をしていいかわからないとき。そんな中、間瀬さんは「自分にいま何ができるんだろう」と一晩寝ずに考えました。

オレは山田町の冷蔵庫になる！

間瀬さんの出した答えは「スーパーの仕事は、山田町の冷蔵庫の役目なんだ。だから何が何でもみんなのために食料を確保する。いま、俺らがやらなくて誰がやるんだ」

そして、すぐに盛岡に向かい、食料を確保して、なんと震災後4日目には壊滅したスーパーの横の駐車場で青空スーパーを開店したのです。3月の岩手は、まだ肌が切れるような寒さ。海からの冷たい風をもろに受けて、震えながら営業を再開したのです。

亡くなった人の分まで体を使おう。
亡くなった人の分まで頭を使おう。
亡くなった人の分まで心を使おう。

間瀬さんはその一心だったと言います。

3月11日、スーパーぴはん壊滅。しかし、4日後の3月15日、青空スーパーとして営業再開。そして8月7日。建物も再建し、スーパーぴはん、完全復活です。

わずか5カ月で完全復活したスーパーぴはん。その背後には、どうしてもお盆までに再開したかった理由がありました。なぜなら、お盆には亡くなった方へお花や団子やお供え物が必要になるからです。

2011年は、山田町では多くの人が亡くなった。きっと特別なお盆になる。そのためにも、スタッフ一丸となって5カ月間働き抜いたのです。

ウソでも笑える人は前へ進める

僕が間瀬さんに会ったのは、友達が山田町に行こうと誘ってくれたのがきっかけでした。僕らを最初に出迎えてくれたのは漁師のおじちゃん。いきなり、ごっそり、牡蠣とムール貝を出してくださいました。「たくさん食べて～」と漁師のおじちゃん。「ここにいる仲間は、みんな家も流されて、仕事もないんだ。はははは」

え？　え？　え？　はははって？

被災地の人たち、家を流されて仕事もないのに、なんでこんなに明るいの？

1時間が過ぎた頃、僕はそのおじちゃんにこう切り出してみた。

「どうしてそんなに早く立ち直れたんですか？」

この質問で、おじちゃんの笑顔が一瞬だけ止まったように見えました。

そして逆に質問された。

「立ち直っていると思う？」

しまった！　そうだよな！　僕はなんて無神経な質問をしてしまったんだろう……。

「悲しんで下を向いていたって、何もはじまらないから。いまは前を向くしかない。ウソでも笑える人は前へ進める」


おじちゃんはそう教えてくれました。

あとでわかったことですが、おじちゃんはお兄さんを震災で亡くされていました。

僕らは100年後、この星にいない

一夜にして家を失い、仕事を失い、家族を亡くしながらも、ウソでもいいからと笑い、前へ進もうとしている人たちが山田町にはいました。

山田町で出会ったある漁師さんはこう言いました。

「食えないからといって、この仕事をやめるつもりはない」

お店を流され、自宅で食品加工業を再開したある社長はこう言いました。

「海に恨みはない。逆にこれまで、いかに海が私たちに恵みを与えてくれていたのかに気づいた。こうしてまた働けるようになって、いまは仕事が楽しくて感謝しかない」

水産物の加工工場が流されてしまったために販路を失い、60歳を越えてからインターネットを始めたおばあちゃんもいます。

大好きな山田町のために、イタリアンレストランを開くんだと語ってくれた人。よくよく話を聞いていたら、その方は、奥様を津波で亡くされていました……。

家を失っても、仕事を失っても、そして家族を失っても、それでもなお復活できる。立ち上がれる力が命にはあるんだ。

「命の力をなめんなよ！」

そう言われている気がしました。

僕らは100年後、この地球にいません。

昨日得たものも、明日得るものもすべて手放す日がきます。

そう考えると、何かを得ることが人生ではないことがわかります。

後悔なく、思いきり生きること。それが人生です。

あの世に持って帰れる唯一のもの、それは「思い出」です。
あなたはどんな思い出を持って帰りたいですか？

深刻なときほど空を見上げる。
深刻なときほど笑う。
ウソの笑顔でいいから。命の力、なめんなよ。

牢屋もなかなかいいわね

野村望東尼

私は呪われている……

死神に愛された女性。彼女ほど不幸な女性はいるのでしょうか。不幸が次々と襲ってくるのです。その女性の名前は浦野もと。

浦野もとは文化3年（1806年）、福岡の武家の家に生まれます。父の勝幸は、生け花をたしなむ風流な武士でした。娘のもとは、その感性を受け継ぎ、歌詠みや文学に興味を持ち、17歳から書家で歌人の二川相近《ふたがわすけちか》の塾で学問を学びます。彼女は身だしなみもいつも品よく凛としていて手先も器用。裁縫手芸が得意でした。

もとは17歳で結婚します。彼女はこの結婚にのり気ではありませんでしたが、相手の家柄が格上だったことから両親に強くすすめられて結婚します。この際、もとの父親は炊事や掃除をする使用人をもとに従わせたのですが、なんと、ご主人はこの使用人と浮気をしたようです。このことで、もとは傷つき半年で離婚をしています。

それから7年後、もとは24歳で再婚。再婚相手は野村貞貫《さだつら》（当時36歳）。ふたりの間に女の子が生まれました。彼女とご主人は生まれた子を抱き喜び合いました。

この小さな手足がなんとも愛おしい。この子はどんな人生を歩むのだろう。

しかし翌朝……。起こそうとしても泣き声をたてない。頬をついてもぴくりともしないのです。

「どうしたの⁉　動いて。お願いだから動いて」

赤ちゃんは冷たくなっていました。赤ちゃんは死んでいたのです。

たとえようもない悲しみが胸を震わせる。いつしか忍び泣きが嗚咽《おえつ》に変わっていました。夢であってほしい……。しかし、それは現実でした。


そして時は流れ、もとは2人目を身ごもります。

今度こそ元気な子を授かりますように……。

新たに生まれた子は、また女の子でした。しかし、翌日……。赤ちゃんの体はまたもや冷たくなっていたのです。

もと27歳。ご主人の貞貫は、妻をなんとかなぐさめようと、彼女がもともと好きだった和歌詠みを本格的にやってみたらとすすめたようです。福岡の歌人・大隈言道《おおくまことみち》の元に夫婦ふたりで弟子入りをするのです。

「ただ一夜　わが寝しひまに　大野なる　みかさの山に　霞こめたり」

これはもとが詠んだ歌ですが、師匠の大隈にダメだしをされます。「歌はただ花鳥風月を歌うものではない。この歌には心がない。心を忘れ月花を詠んでも、それは真の歌ではない」と。

心を詠える歌人になりたいと、もとは願いますが、弟子入りして2カ月後、当時、不治の病と恐れられていた結核と思われる病気になってしまうのです。子どもの頃から憧れていた和歌の道に本格的に入ろうとした矢先に不治の病。もとは熱が出て床に臥し、歌も詠めない状況が1年も続きました。

この後、17歳から学問を教わっていた二川相近先生が亡くなり、さらに、ご主人の母親も亡くなります。もとの気持ちは深く沈み、葬儀にも参加できないほど衰弱してしまいました。

それから3年の月日がたち、もと33歳。

もとは3人目を身ごもっていました。今度こそは、今度こそはお願いです。祈るように出産の日を迎えました。生まれた子は女の子でした。しかし……。

またすぐに死んでしまったのです。もとは泣き崩れ、冷たくなった我が子を1日中抱き続けました。

子どもの頃は、「じょうもんのしゃれもんたい」（美人でおしゃれ）と町でも噂だったもと。しかし、この頃には、眼に悲しみの影がよぎり、鏡を見たら、あまりの自分の老いに愕然としたといいます。すっかり老けてしまったのです。

そしてまた時は流れ、もとは4人目を身ごもります。

生まれた子は、やはり、また女の子でした。

そして、翌朝……。

赤ちゃんは冷たくなっていました。生まれた女の子4人すべて夭折《ようせつ》。もとは自分の身を呪いました。もう、涙も枯れた。私は呪われている……。

どうして私は母親になれないの!?

悲しみは嘆きとなり、もとは天を怨みました。

「ただ一夜　世にあらむとて　生《お》い出《い》でし　子は何事の　報いなるらむ」
（たった一夜しか生きられない我が子たち。これは何の報いなのでしょう）

不幸は終わらない

彼女の悲しみに、ずっと一緒に寄り添ってきたのが、ご主人の野村貞貫です。

彼自身は武士だったにもかかわらず、身分で人を差別することを嫌い、身分が下のものに対してもいつも優しく接していました。そんな貞貫には願いがあったのです。町人であるとか足軽であるとか身分に関係なく誰でも気軽に出入りできる別荘をつくりたいと。そこで、もとを主婦業から解放して、歌づくりに専念させてあげたい。もとは病を患っていることもあり、自然の豊かな場所に身を置かせてあげたいと貞貫は考えていたのです。この願いは、もとが40歳を過ぎるころ実現します。静かな山里にひっそりと建てられた別荘、それが平尾山荘です。六畳、三畳、二畳の三間からなり、十坪にも満たない小さな庵ですが、ここがふたりには希望の地となりました。

夫婦ふたりで力を合わせ庭も造った。近くの溜池から遣《や》り水を引くための水路を掘り、滝をつくり、これを「雨待ちの滝」と名づけました。

その地ではじめて迎えた春。もとは夫のことをこう詠んでいます。

「山ざとに　初めて春を　迎ふれば　まずめづらしと　君を見るかな」

(平尾山荘で初めて迎える春、見慣れているはずのあなたが新鮮に見えた)

これからは、庭いじりをしたりしながら、ここで夫婦一緒に和歌を詠もう。


しかし、死神に愛された女、もとの不幸はまだ終わらなかった。病がこのあと再発するのです。全身がだるく高熱が出て寝込む日々が続きます。もとは、平尾山荘で過ごすこともままならなくなり、家族の住む本宅へ戻りました。

もととは再婚だった貞貫には、連れ子として3人の男の子がいました。長男は夭折。次男17歳、三男13歳、四男11歳(再婚当時)。

ある日の明け方のことです。

もとは騒がしい声に目を覚ますと、壮絶な次男の姿を目撃します。次男が腹を切り苦しみもがいていたのです。彼はいじめにあって、鬱のような状況になり、仕事ができなくなっていたことに悩み自殺。帰らぬ人となったのです。もとは自分の運命に身を震わせました。私はどこまで奈落の底につき落とされるのだろう……。

（この後、継子として育てた夫の子どもたちも、全員もとよりも先に病気で亡くなることになります。）


そして、もと54歳。

ついに死神はもとの一番大事な人を奪いに来ました……。

彼は、いつも笑顔を絶やさず、穏やかで、もとをずっと支えてくれた人でした。まだふたりがつき合う前、もとが初めて参加した歌会。そこでは誰が詠んだかわからないように名を伏せて三首の入選作を決めていきます。

私の歌を選んでくれる人がいるだろうか……。

もとの歌を「この歌には心温まる優しさがある」と選んでくれたのが彼でした。自分の歌を真っ先に褒めてくれた人、そして、その後ずっと一緒に和歌を学んできた野村貞貫、そのご主人が病気で亡くなるのです。妻と一緒に和歌を学ぶ武士は、当時はかなり珍しかったのではないでしょうか。

私の人生は、さよならばかり……。

いつも寄り添ってくれた彼ともう二度と会えない……。

もう、生きていたくない……。

しかし、亡くなった貞貫は、天国から妻にプレゼントを贈るのです。もとの運命を変える言葉との出合いを……。

ご主人の死から、野村家の菩提寺、曹洞宗明光寺の元亮巨道禅師《げんりょうこどうぜんじ》とご縁がつながるのです。そこで、もとは曹洞宗開祖の道元の教えを知るのです。

「避けることのできない苦しみを避けようと思わないこと
満たされることのない欲望を満たそうと思わないこと
四苦八苦を、そのまま受け入れる覚悟が大事
まずは、現実をしっかり受け止めて前向きに生きる
現実は避けるのではなく解決方法を見出してゆく」

「生きていることを自覚するのは、心なり

認識するのも心なり　疑うのも心なり
住みなすのも　我が心なりけり」

そもそも生きるって切ないことなんです。どんなに愛しても、別れの日は必ずやって来ます。

そして、人生最期の日には得たものをすべて失います。人生のゴールに、すべてと別れるという宿命を背負っているのが人生なのです。

でも、切なく儚いからこそ、一瞬一瞬が愛おしく輝くのではないでしょうか。
避けることのできない悲しみを避けようと思わないこと。
ありのままをありのままに受け止める勇気。
だからといって、状況が心を決めるのではない。

自分の心は自分が決めるのだ。

もとは、これまで現実に振り回されすぎていた自分を自覚しました。

どんなに悲しいことが起きたって、心は私次第なんだ……。

道元はいっています。

「心とは山河大地なり」

心そのものが大自然、山河大地であると。

自らのお墓をつくる

もとは8月9日に、この元亮巨道禅師に引導を受け剃髪《ていはつ》し仏門に入ります。

もと54歳。彼女は尼になり、その名は「望東尼《ぼうとうに》」となります。

このとき望東尼は、夫の墓石の横にもうひとつ墓をたて、「望東禅尼」と自らの名を刻みました。これまでの自分はもう死んだ。これからは新しい私として生きる。そんな決意を持って、お墓に自らの名を刻んだのです。

そんな思いもあったからでしょう。もとは、「もと尼《に》さん」と本名で呼ばれることもありましたが、自らは法名である「望東尼」と名乗っていたようです。
この決意が彼女に新しい現実をもたらすのです。

人生50年といわれたこの時代。望東尼はもう54歳です。
かつて学問を習っていた二川相近先生の言葉を思い出した。

「楽しいと思うことをしないで終わってしまうほど愚かなことはない」と。

これからは自由に生きよう。望東尼はまず京都への旅行を思い立ちます。京都御所や神社仏閣の名所巡りをしてみたかったのです。
また、大阪に移り住んでいた和歌の師匠、大隈言道を訪ね、夫とふたりで詠みためてきた和歌を見てもらいたいという願いがあったのです。夫、貞貫との思い出である歌の遺稿集を作りたい。そのためには師匠に指導を仰ぐ必要があります。そこで、望東尼は関西へ向かい、師匠との4年ぶりの再会を果たします。この再会は、お互いに涙ばかりで、話もできないほどだったそうです。

流れる雲のように、野に遊ぶ鶴のように。

一方、幕末（江戸時代末期）の京都は、変革のエネルギーが渦巻きはじめていました。このままでは日本は滅んでしまう……。そう感じた若き志士たちが水面下で命がけで活動をしていました。京都で、時を過ごすうちに望東尼は時代が動きはじめていることを肌で感じます。そして政治に興味を持つようになり、いまこそ新しい日本に変えるときだという思いが芽生えてくるのです。

この頃、望東尼が詠んだのが次の歌です。

「数ならぬ　此身《このみ》は苔《こけ》に埋もれても　日本心《やまとごころ》の　種はくたさじ」

（数にもならないような我が身であるが、この平尾山荘の苔むした家にいながらも大和心の種を腐らせはしない）

50歳を超えた望東尼は男のように全国を飛び回ることはできません。でも、新しい時代のために、女である私にもできることがあるのではないか、そう考えるようになりました。

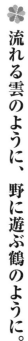

当時の志士たちにとっては、情報の有無が命の分かれ目になります。望東尼は、京都で築いた人脈や情報を地元の福岡につなげ、また、自身の平尾山荘を隠れ家として、志士たちを匿《かくま》う活動に入っていきます。

実子が早逝してしまったこと、これもまた、もとの天命だったのかもしれません。時代の変革に情熱を注ぐ若き志士たちが我が子のように愛おしく思えたからです。望東尼は、志士たちのお母さん的な存在として、その和歌で心を通わせ励ましたのです。

そして、元治元年（1864年）11月10日前後のことです。月明かりの夜、萩から逃げて来たという、谷梅之助《たにうめのすけ》と名乗る男が仲間に連れられ平尾山荘にやって来ました。望東尼はその男を匿います。彼は、長州藩（山口県）の藩士で、新しい時代をもたらそうと活動していたため命を狙われ、福岡に逃げてきたのです。

「若いですね」

59歳であった望東尼には、谷梅之助はまだ子どものように見えた。それもそのはず、梅之助、当時26歳です。

「お世話になります」梅之助はそういって頭を下げた。望東尼は翌日から梅之助の着物を縫い始めました。望東尼は、梅之助を一目見て、この人はこのまま終わる人じゃない、そして、新しい日本を生み出すために失ってはならない人物であると感じていました。

梅之助は萩から九州に逃げてきたものの、この九州の地で、逆に諸藩を味方につけようという狙いがあったのです。しかし、梅之助の呼びかけに呼応してくれる藩は皆無でした。九州勢の応援は期待できないとはっきりわかった。しかも、故郷の長州では命を狙われており、帰ることもできない……。

このとき梅之助は心底落胆していたようです。この時期に梅之助と対面した対馬藩家老の平田大江は、彼の状態を「切羽詰まった状態にある彼を思うと悲しくてならない」と手紙に残しています。


かつて梅之助は、自身の師匠にこう問うたことがありました。

「僕はどう生きればいいのでしょうか。死にはどんな意味があるのでしょう」

いかに武士は死ぬべきなのか、梅之助は師匠に尋ねたのです。師匠の返答はこうでした。

「世の中には、からだが生きていても、心が死んでいるものがいる。反対に、からだは死んでも、魂が生きているものがいる。死んで、朽ち果てることのないものを残せるのであればいつ死んでもいい。生きて大業をなしとげる見込みがあれば、なんとしてでも生きのびろ」

生きるも死ぬもどちらでもいい。大切なのは、成すべきことを成す、その一点だと。

しかし、命をかけて行動するなんてそうそうできるものではありません。ましてや親がいて妻がいて生まれたばかりの子どもがいたらなおさらです。梅之助は、1カ月前に男の子が生まれたばかりなのです。男の子の名前は梅之進。梅の花は新しい年の到来を意味する花。早く春が来てほしいという願いを込めてつけた名前です。

藁《わら》ぶき屋根の平尾山荘。その周囲に人家はなく、前は田園、松の大木の間にひっそりと建てられていた。窓辺には梅の木があり、遠くには竈門《かまど》山や若杉山が見えます。

冬の澄んだ空気が身を包むなか、梅之助は庭に出た。

かつて望東尼がご主人の野村貞貫と一緒に造った、「雨待ちの滝」の遣り水の音だけが響いています。

梅之助は切羽詰まり、完全に行き詰まっていました。

僕はどう生きたいのだろう……。

ほんとは、どうしたいのだろう……。

庭にいた望東尼が梅之助の存在に気づき、ふっと微笑み、こう和歌を詠んだ。

「冬ふかき　雪のうちなる　梅の花　埋もれながらも　香《か》やは隠るる」

(雪の中に埋もれた梅の花は、姿は見えなくても、香りが消えることなどない)

あなたの発する梅の香りは、どんなに隠しても、隠しきれるものではない。あなたはいつまでも逃げているような男じゃない。望東尼は梅之助を梅の花にたとえて詠んだのです。

戸口の柳が風で揺れていました。


11月21日。

「ここを出る」

梅之助は旅立ちを決意しました。旅立ちの朝、望東尼は梅之助のために、自らの手で縫い上げて用意していた着物を手渡しました。そこには短冊があり、こんな歌が記されていた。

「まごころを　つくしのきぬは　国のため　たちかえるべき　衣手にせよ」
(真心を尽くして筑紫《つくし》で縫ったこの着物、あなたが国のために戻って行くときの着物にしてください)

梅之助はこう漢詩で返します。

自愧知君容我狂　(自《みずか》ら愧《は》ず　君《きみ》我《わ》が狂《きょう》を容《い》るるを知る)
山荘留我更多情　(山荘に我《われ》を留《とど》めて　更《さら》に多情《たじょう》)
浮沈十年杞憂志　(浮沈《ふちん》十年　杞憂《きゆう》の志)
不若閑雲野鶴清　(閑雲野鶴《かんうんやかく》の清きにしかず)

「新しい時代を求めることに、狂ったようなこの僕をあなたはそのままに受け入れてくれた。あなたの心の広さに触れたようで深く感じ入っています。僕はこの10年の浮き沈みの間、あれこれと心を悩ませてきました。しかし、それにしてもあなたは静かに流れる雲のようでもあり、野に遊ぶ鶴のようでもあり、心清らかに、かつ超然としている。なんと素晴らしいことであろうか」

いくつもの悲しみを乗り越えてきた望東尼。その望東尼の瞳の中に梅之助は、空に流れる雲……。野に遊ぶ鶴を見た……。

そうだ！　そうだった!!

人は必ず死ぬんだ。

100年後には、みんな死ぬ身である。ならば、この湧き上がる思いに寄り添わず生きて、一体何が人生だ。他藩の応援が得られないなら、それでいい。いまこそ、ゆずれない場面だ。自分が成すべきことを成すときだ。

平尾山荘から長州に戻った梅之助から望東尼へ手紙が届きます。

「死を賭して行動しているので、もはやこの世で会うことはないであろうが、来世でお礼をしたい」

望東尼60歳で牢屋暮らし

望東尼は、梅之助を匿った翌年、志士たちを擁護した罪で、60歳という老齢の身で玄界灘の姫島に島流しになってしまいます。家族との別れに際しては、こんな歌を詠んでいます。

「帰らでも　正しき道の　末なれば　誰も嘆くな　我も嘆かじ」
(もう家に帰ってこられないかもしれないけれど、自分の本心にまっすぐに生きた証しだから嘆かないでほしい。私も嘆かない)

姫島に連れていかれると、島の人たちが物珍しそうに罪人・望東尼を見に群がりました。牢屋は海に面し、畳はなく板敷にゴザが敷かれているだけ。その狭い牢屋の中は、クモの巣があちこちに張りめぐらされていました。しかも、荒格子には何も貼られていないから外からの寒風がそのまま吹きさらしです。

これからはここで暮らすのか……。

鍵がかけられた。時期は、これからまさに極寒を迎えようとしている11月です。

「人遣《やり》は　すべなきものを　おのれから　ここにすみれの　花咲きにけり」
(人に命じられて私は牢屋にいる。でも、牢屋の前の石垣の間に咲くすみれさん。あなたは自分の意志でここに咲いているのね)

望東尼は牢屋の中でできることをしようと思い立った。

避けることのできない悲しみを避けようと思わないこと。

そのままを受け入れる覚悟。でも、状況が心を決めるのではない。

心は私が決めるのだ。

20日が過ぎたころ、望東尼は牢屋の柱にこう歌を刻んでいます。

「またここに　住みなむ人よ　堪《た》えがたく　うしと思うは　二十日ばかりぞ」
(次にこの牢獄へ入る人へ。耐え辛く思うのは、最初の20日だけですよ)

望東尼は60歳という高齢で最悪な環境に身を投げ込まれた。しかし、牢屋で聞こえてくる鶯《うぐいす》の声を楽しみ、うるさく騒ぐ鼠《ねずみ》には友人のように話しかけ、また、処刑された同志たちのために般若心経を写経し、日記を書き、和歌を詠み、これまで書いてきた和歌の清書もはじめました。

ここまでくると、もう牢屋生活も大忙しです。忙しくなると同時に生きる気力も湧いてきて望東尼はこう記しています。

「囚屋《ひとや》もなかなかによろし」

（後の明治2年、このとき書いていた日記が出版されています）

そして、10カ月の時が流れた9月16日のこと。

昼の3時を回った頃です。望東尼が書き物をしているとガチガチガチと音がします。閉じ込められていた牢屋の鍵が突如壊され、3人の男たちが突入してきたのです。

何事!?　望東尼は男たちに両脇をおさえられ浜へ連れて行かれます。

一方、島の役所には、「朝廷から望東尼へ赦《ゆる》しが出たので身柄を受け取りに来た」と通達を告げにふたりの男が来ていました。しかし、このふたりは怪しいと疑われ、役人たちと押し問答になってしまいます。そのときです。

パーンと銃声が鳴り響きます。

銃声が鳴るや、そのときを待っていたかのように、ふたりの男たちは急いでその場を立ち去りました。ここで、役人たちも望東尼が牢屋にいないことに気づき海へ走ります。役所から逃げ去った不審な男たち2名と、牢屋から彼女を連れ出した男たち3名、小舟を見張っていた男1名。そして望東尼を乗せた計7名の小舟が沖へ出航したところでした。この脱獄劇に慌てた役人たちは、大砲に弾をこめ船めがけて2発発砲します。

ドーン。ドーン。

しかし弾は当たらない。「船だ。船を出せ」役人たちは追っ手の船を差し向けますが、逃げる小舟は玄界灘の追い風に乗り夕闇に消えていきました。

脱出に成功です。これが6人の救出メンバーによる望東尼奪還作戦です。福岡藩では、脱獄はかつて例がなく、初めての脱出劇となりました。

この作戦を命令したのは……。

谷梅之助でした。平尾山荘に10日間ほど、匿われていたあの男です。この後、ふたりは運命の再会を果たします。

明けない夜はない

野村望東尼。
4人の子どもが生まれてすぐに亡くなった。
追い打ちをかけるように、大切な人が次々と亡くなっていく。
不治の病を患い絶望の淵を歩んだ。
私の人生は永遠に冬なのではないか……。
しかし、暗闇の中で、ついにあかりを見つけます。
あかりは、一番近いところにあった。
あかりは、いつも私と一緒にあった。
あかりは、我が心なりけり。

悲しみの底を歩んできた野村望東尼が人生最期の日に詠んだ和歌がこれです。
「冬ごもり　こらへこらへて　一時《いっとき》に　花咲きみてる　春は来るらし」

（冬篭《ご》もりをしてこらえにこらえていた花が一斉に咲き満ちる春が来たらしい）

慶応3年（1867年）、望東尼が命がけで助けた男たちが新しい時代を生みだし、徳川幕府がついに終焉を迎えました。その1カ月後の11月6日。望東尼は「春が来た」と和歌を残し、62歳で天命を全うしました。

和歌の師匠である大隈言道の序文で始まる望東尼の家集『向陵集』も、死の直前に完成しています。30年以上にわたって望東尼によって詠まれた歌が合計1849首収められています。現在、望東尼は歌人としても大変高く評価されています。

その一つひとつの哀しみを歌に変え、この地に花として咲かせたのです。

和歌となって芽吹いた花はいまも地上に咲いています。

明けない夜はない。

春は必ず来るのです。

状況が心を決めるんじゃない。
現実が心を決めるんじゃない。
あなたが心を決めるのだ。

苦しい
という言葉だけは
どんなときでも
よそうじゃないか

―― 高杉晋作

立ち上がったザンギリ頭のサムライ

かつて、こう謳《うた》ったCMがありました。

「自分は世界を変えることができると考えるほど十分にクレイジーな人たちが本当に世界を変えるのだ」

そうです。人間の歴史とは、クレイジーな人たちが、不可能を可能にしてきた歴史です。

人間が空を飛べるはずがない。誰もがそう思っていたときに、「いや、飛べるだろ」と疑った自転車屋さんがいました。ライト兄弟、彼らがいたからこそ、いま空を見上げれば飛行機が飛んでいます。

「ひとつのものに狂えば、いつか必ず答えに巡り合う」

これは、不可能だといわれた無農薬のリンゴ栽培を、10年に及ぶ執念の研究で見事成し遂げた木村秋則さんの言葉です。

ひとつのものに狂ったとき、不可能の扉は開くのです。かつて日本に、新しい時代を生み出したいと、その一点に狂った男がいます。

高杉晋作《しんさく》です。

時は幕末（江戸時代末期）。

欧米列強が侵略によって植民地として海外領土を広げていった大航海時代がはじまり、アジアの国々が次々と植民地と化していきました。お隣の大国、清国（中国）ですらイギリスにこてんぱんに打ちのめされ、清国人は西洋人に奴隷のように扱われていました。

そんな中、ついに鎖国をしていた日本にも黒船でアメリカが乗り込んできたのです。さらにイギリスもフランスも押し寄せてきた。徳川幕府は右往左往。このままでは日本も植民地にされてしまいます……。古き体制を終わらせて、いまこそ日本を新しく立て直す必要があります。

さあ、どうする？

そんなときに、立ち上がったのが高杉晋作です。ちょんまげを切り落としたザンギリ頭のサムライ。晋作の身長は156センチほどだったといいます。当時、いまよりも平均身長が低かったとはいえ、晋作は背が低いのを気にしていたようです。写真に写るときはいつも椅子に座っていました。その晋作が立ち上がった……。

今日と違う明日が見たい

元治元年（1864年）。

晋作の属する長州藩（山口県）は、新しい時代を作ろうという革命派（正義党）が勢いを増し歯車が回りはじめていたのですが、京都で幕府連合軍に敗れた蛤御門《はまぐりごもん》の変を境に、藩論は急変。「徳川幕府には歯向かわない」という保守派（俗論党）の方針に切り替わります。そして、幕府からの圧力で革命派の重役7人が処刑されてしまうのです。このままでは長州の革命勢力が根こそぎ息の根を止められてしまいます。そうなってからでは遅い。晋作は、命を投げ出すときは、ここだと確信します。

「このままでは日本はつぶれる。いまこそ立ち上がるときだ」と晋作は仲間たちに声をかけて回りました。しかし、誰ひとり、晋作の呼びかけに呼応する者はいなかった。かつて晋作が藩内で結成した軍隊、奇兵隊の後輩たちにすら参加を拒まれ晋作は孤立します。

しかし、いま、動かなければ歯車が止まる。そして、長州が止まれば日本が止まる。しかし、何でそれがわからない！

仲間たちだって、そういう晋作の気持ちをわかってはいました。でも、敵である長州藩の保守派は2000人います。その背後には幕府軍15万人が控えている。そんな危険な戦いに行けるわけがないのです。

「無謀すぎる」「不可能だ」と晋作はみなに反対されました。しかし、それでも晋作の決意が揺らぐことはなかった。いまは、「できる」「できない」をいっている場合じゃないだろ、やらなければいけないときだろ、と。

「いまこそ、萩に向かって一里行けば一里の忠を尽くし、二里行けば二里の義をあらわすときである」

「僕と一緒に命を投げ出してくれる者は12月15日、功山寺に集まってくれ。諸君が立ち上がらないなら仕方がない。僕はひとりでもやる！」

晋作は、たったひとりでもやるともう決めていた。そして、ひとりで決起する日にちと場所も決めてしまったのです。

時は12月15日。場所は曹洞宗《そうとうしゅう》・功山寺《こうざんじ》。

晋作は、この日を迎える直前に、遺言ともいえる手紙を書いています。

「自分が死んだら墓前に芸者を集めて三味線など鳴らして大いに騒いでくれ」

晋作は、竿の部分が12個に折れて胴に収まる携帯用の三味線をいつも持ち歩いていました。その三味線で即興で歌を作り、仲間たちの前で、こんな都々逸《どどいつ》を唄って回りました。

「真があるなら今月今宵、あけて正月、誰も来る」

今日とは違う明日を見たい。そんな心意気がある者はいまこそ立ち上がるときだ。正月になって先行きが見えてから加わりたいなんて、そのときではもう遅いぜ、という唄です。

そして、運命の日12月15日を迎えます。

ひとりでもやる、晋作の覚悟は決まっていたとはいえ、目前の敵は2000人です。ひとりでどうにかなる戦いではない。そんなところに加勢したら、命がいくつあってもムダになる。功山寺に駆けつけるものなど誰もいるはずがないんです。

しかし、晋作は、紺糸おどしの腹巻に、桃形《ももなり》の兜《かぶと》を首に引っかけ、一世一代のとびきりの晴衣装に身を包み功山寺で待っていました。

この日は朝から雪が降りしきっていた。珍しく大雪に見舞われましたが夜になり止んだ。積もった雪は10センチほど。真っ白に包まれた白銀の世界を、雲の切れ間から十五夜の月が照らしています。

ミシ、ミシ、ミシ……

功山寺の石段の雪を踏みしめる足音がする。現れたのは伊藤俊輔でした。

彼が力士隊を30人ほど引き連れてやって来たのです。俊輔は晋作のゆるぎない決意に「この男に命をくれてやる」と覚悟を決め、真っ先に功山寺にやって来たのです。

貧しい農家の子に生まれた伊藤俊輔、後の初代総理大臣になる伊藤博文その人です。
この日、功山寺に集まったのは総勢84人。最初に駆けつけてくれた力士隊とは、おすもうさんを中心とした軍隊（奇兵隊の一支隊）です。どすこい勝負になれば勝ち目は出てくるのでしょうが、戦場で、どすこいはどうなんでしょう……。その他は農民や町人、猟師、他藩からの脱藩浪人などの寄せ集め集団の84名。

84人vs敵は2000人。
しかも、敵の背後には幕府軍が15万人も控えているのです。

実質84人vs15万2000人。

あまりに無謀すぎます。
それでもやるのか？
それでもやるのか？

それでもやる！

いま、この流れを食い止めなければ、幕府の天下は変わらない。命をかけるべき場面はここだ。いまこそ狂うときだ。高杉晋作は、功山寺でこう宣言します。

「これより、長州男児の腕前をお見せする」

晋作は、ひらりと馬にまたがった。このとき、10歳以上年上の奇兵隊副軍監の福田侠平《きょうへい》が行く手を阻むように座り込み、晋作にこう叫んだといいます。

「行くならわしを蹴り殺して行け」

これは自ら死にに行くようなもの。無謀な晋作を先輩の福田が止めようとしたのです。しかし、晋作はとうに覚悟が決まっています。馬で福田を飛び越え、雪あかりを頼りに出陣していきました。総勢84人。一番後ろには小さな大砲が一門。

いざ、下関へ――。

奇跡は起きる！

午前4時。晋作に率いられた（おすもうさんたちを主力とした）決起軍は、まず下関の奉行所を奇襲。資材と人の流れの中継地点を押さえよう、という狙いです。命をかけた84人の反乱軍は気迫が違います。敵は不意をつかれ、晋作たちはなんと無血占領に成功するのです。実は、この戦いは無謀のように見えて、裏でちゃんと晋作の計算が働いていていました。

ここの総奉行の根来上総《ねごろかずさ》は、藩政府の方針をよく思っていないことを晋作は知っていたのです。だから、大きな抵抗はしてこないだろうと読んでいたのです。その読みが見事に当たった。

高杉晋作決起。下関の奉行所を奪取！

その知らせは、萩の藩政府に衝撃を与えました。晋作は、ここから藩の各地に、町民に決起をうながす手紙を送り、ともに戦おうと宣戦布告します。そして、晋作は今度は港のある三田尻へ急行します。

「晋作さん、今度は港で何を？」

「これから敵の軍艦を奪ってくる。一緒に行ってくれるやつはいるか？」

「素手で軍艦を奪うんですか？」

「そうだ。軍艦ごとき、僕の扇子一本で十分だ」

「……」

着流しに携帯用の三味線を抱え、扇子一本。まるでどこかにフラっと遊びに行くかのような普段着で命をかける。これが革命家・高杉晋作のスタイルです。

軍艦を奪取しに行く者が18人選ばれました。

「では僕たちはこれから軍艦を奪ってくるから、俊輔、それまでお前はできるだけ資金を集めておいてくれ」

伊藤俊輔は、この晋作の発言にこう突っこみたかったことでしょう。

「18人で軍艦を奪ってくるって、ありえないからあぁぁぁ!!!」

晋作は、18名を引き連れ、軍艦が停泊している三田尻の海軍局に乗り込み、小舟を漕いで、軍艦に横付けして、刀を抜いて乗り込んでいった。このとき、ふいをつかれて、海に逃げ込んだ敵兵もいましたが、銃口を晋作に向けて身構えている水兵もいた。晋作は口を開いた。

「このままでは、海軍は幕府のいいなりになっている保守派の手でとりつぶされるのを待つだけだぞ。それでいいのか？　君たちは、何のために生まれてきたんだ？　僕たちと一緒に新しい時代に賭けてみないか。すでに僕たちは馬関（下関）を制圧している。同意できないなら仕方ない。戦うなら、望むところだ。君たちも覚悟を決めてくれ。さあ、どうする？」

晋作の気が敵をのみ込んでいた。

こうして、関門海峡に、軍艦、癸亥丸《きがいまる》が現れ、少し遅れて庚申丸《こうしんまる》、丙辰丸《へいしんまる》の二艦が続いて現れます。そこに乗っているのはまぎれもない、あのザンギリ頭、高杉晋作です。俊輔は度肝を抜かれた。高杉晋作は、18名で軍艦を本当に奪ってきたのです。

あ、あ、ありえないからあぁぁぁー!!

晋作は、三田尻の海軍局で、長州藩の洋式軍艦のすべての奪取に成功しています。このときの晋作のことを、後に伊藤俊輔は、「動けば雷電のごとく　発すれば風雨のごとし」と評しています。

高杉晋作軍艦奪取！

この知らせにまたも藩政府に衝撃が走ります。晋作は、関門海峡を回って軍艦で萩の沖合から攻めてくるのではないかという噂が飛び交い、藩政府は戦々恐々。そこに、ドカーーーン！　ドカーーーン！　と大砲の音が街中にこだましました。晋作たちが奪った軍艦が、菊ヶ浜の沖合に現れて、大砲を打ちはじめたのです。

すべて空砲でしたが、敵を威嚇するには十分です。萩は背後三方が山に囲まれているので、爆音がわんわんと響くのです。軍艦を奪うことで、少人数でも大きなインパクトを敵に与えることができる。これも晋作の読み通りでした。晋作、やみくもに命をかけたわけではないんです。

藩政府は農民に晋作たち反乱軍への協力を禁止しますが、「晋作なら本当に新しい時代を生み出すかもしれん」と大量の食料の差し入れがあり、商人や農民が続々と晋作たちに協力をはじめ、同志は増え、ついには当初の84人から2000人近くにまで達します。そして10日間に及んだ激戦を経て、勢いに乗る晋作たちの藩内クーデターは成功するのです。これにて長州藩の意志は新しい時代を作る方向に固まり、徳川幕府から独立を目指すことになりました。王者・徳川幕府と真っ向勝負するという藩が日本に初めて誕生したのです。

この長州に手を差し伸べたのが坂本龍馬です。

龍馬は、長州藩と、近代化を進めていた大藩・薩摩《さつま》藩の手を結ばせ（薩長同盟）、時代の流れがここから一気に変わります。この後、長州藩に幕府軍が大挙して攻めてきますが、高杉晋作率いる長州藩はそれをも見事に破るのです。これにて、明治維新の歯車は回り出し、その流れは誰にも止められないものとなりました。

誰よりも動けなかった男、高杉晋作

奇跡という非日常を日常にする男、高杉晋作。しかし、彼だって最初から心のままに勇敢に生きられたわけではないんです。こんな悩みを同志・久坂玄瑞《くさかげんずい》へ告白した手紙が残っています。

「僕にはひとりの父がいます。日夜、僕を呼びつけては常識を押しつける。しかし、父のことゆえ、どうするわけにもいかない。祖父もことあるごとに僕を呼び、『大それたことをしてくれるな』というものだから、松下村塾にも隠れて通っているほどです。親にそむく気にはなれない。でも、天下のことを想えば、じっとしておれず、大いに心中苦しんでいます。いたずらに議論ばかりして何ひとつ実行がともなわない自分に赤面の至りです」

晋作は師匠である吉田松陰が教える松下村塾に、親に内緒で通っていたというのです。というのも高杉家は、代々毛利家に仕えてきた名門で、父、祖父ともに藩の重要なポストに就いている高官なのです。晋作は誰よりも将来が約束されていた男だった。そんな晋作にとって、新しい時代を生み出そうとすることは、約束された未来を捨て、家に反逆することでもあったからです。

だからこそ誰よりも悩み葛藤した。口ばかりで何も行動に移せない自分を恥じたときだってあった。そう、晋作だって、最初から自由自在に生きられたわけじゃないんです。

おもしろきこともなき世をおもしろく

高杉晋作が、功山寺の挙兵で見事、藩をひっくりかえし、幕府軍もけちらしたその翌年（1867年）の4月13日。

高杉晋作、数え年で29歳（満27歳と8カ月）。時代の立役者となった晋作は、結核におかされ病床に臥し、残された命は、カウントダウンを刻んでいました。早すぎる伝説……。吐血し、もはやおかゆも受けつけない。晋作の死期の近いことは誰が見ても明らかでした。晋作の看病を一番近くでずっと続けていたのが野村望東尼です。

野村望東尼と高杉晋作の出会いとは…………そう、あの平尾山荘です。

福岡の平尾山荘に「谷梅之助」という偽名で逃げていた、あの青年こそ、高杉晋作です。

命を狙われていた高杉晋作が、逃げてたどり着いた平尾山荘で、野村望東尼と出会った。そして、平尾山荘で望東尼に匿われた10日間で、晋作はその決意を揺るぎないものとして長州に戻り、その1カ月後、「僕はひとりでもやる！」と功山寺で挙兵したのです。

抱えきれないほどの哀しみを、その小さな身に受け入れた野村望東尼の瞳には、すべてを包み込む深い優しさが宿っていました。その彼女の瞳の中に、晋作は、空に流れる雲、野に遊ぶ鶴を感じ、覚悟が決まったのです。

そうだ。たかが人生、遊びじゃねえか。

遊びには、できる、できないなんて関係ない。

おもしろい方を選ぶ。それが遊びです。

超然としていた野村望東尼と出会い、晋作の中に残っていた最後の恐れが、遊び心の中に溶けたんです。

晋作は望東尼を「命の親様《おやさま》」と評し、最大の謝辞《しゃじ》を贈っています。そして望東尼を獄舎から救出した後も何不自由ない暮らしを手配しています。

晋作のもとで最後まで看病したうのによると、「晋作は60歳を超えていた望東尼を母のように慕い、望東尼が病で寝込んだときには3階に望東尼が寝て、1階に晋作が寝た。二人は寝込んだまま詩と歌のやり取りをするので、私は階段を上ったり降りたりしてさすがに足が疲れた」と回想しています。

晋作の心に、望東尼がいかに大きな影響を及ぼしていたかがわかります。

高杉晋作の辞世の句といわれる、

「おもしろき　こともなき世を　おもしろく……」

これは「おもしろくない世の中をおもしろく生きていくために、あなたならどう考える？」と晋作からの望東尼への問いとして上の句を詠《うた》っています。これを受けて、下の句を望東尼はこう結びました。

「住みなすものは心なりけり」と。

「おもしろき　こともなき世を　おもしろく　住みなすものは心なりけり」

おもしろく生きられるかどうかは、現実が決めるのではない。あなたの心が決めるのだ

と。すべては、心次第。これこそ、自由であり、希望です。

現状から発想するのではなく、本当はどうしたいのか、どういう自分でありたいのか、どう生きたいのか、そこから逆算して生きるんです。

現実が自分を作るのではなく、決断（心）が自分を作るのです。

だからこそ、なんのために生きたいのか、そこを問えばいいのです。

誰にとって、どんな存在でありたいかを問うんです。

晋作は、260年以上続き、制度疲労が起きていた徳川幕府を倒し、時代を一新したかったのです。長州藩をまるごと、そのための突破口にしたかったのです。

鎖国していた当時の日本。しかし、晋作は長州藩の下関を開港して、世界を相手に貿易して、幕府の支配下を抜け出し、長州独立国をめざす「長州大割拠《だいかっきょ》」という夢を

描いていたのです。そこに、一心不乱に狂ったのです。

ひとつの目的に一心不乱に狂うとき、そのとき、「旧約聖書」のモーゼが約束の地、カナンをめざすために、海を真っ二つに割ったように、道は目の前に忽然《こつぜん》と現れるのです。

望東尼と出会ってからの高杉晋作は、ありえないくらい神がかっています。奇跡がまるで日常かのように頻発し、やることなすこと、すべてがうまくいっています。

たったひとりの決意から、ひとりは84人になり、84人は2000人になり、ついには15万人の軍隊を誇る幕府軍を破ってしまったのです。たったひとりの決意から、時代は回転を始めたのです。奇跡は決意から生まれるのです。

夜明けの春風

2013年4月6日春。

雨が降りしきる中、僕は晋作が決起したルート、野村望東尼の平尾山荘から功山寺へ車で向かっていました。功山寺には樹齢450年といわれる槇《まき》の木があります。僕はその槇の木にこう聞いてみました。

「あなたは、あの日の高杉晋作を見てるよね？　どうだった？」槇の木はこう答えてくれた気がしました。

「うん。晋作はね、子どものようだった。人生を思い切り遊んでたよ。たかが人生遊びじゃねえかって」

木の葉が春の風で揺れていました。

晋作の葬儀には、武士も農民も町人も、身分を問わず、長州藩始まって以来の３０００人が集まったといいます。

晋作の死からピッタリ半年後の10月14日。15代将軍、徳川慶喜《よしのぶ》は朝廷に大政奉還《たいせいほうかん》し、２６０年続いた徳川幕府は幕を閉じました。新しい日本が始まったのです。

高杉晋作。晋作という名は通称で、実名は春風といいます。

高杉春風。その名の通り、時代に春の風をもたらしたのです。

野村望東尼は、ようやく母になれました。

新しい日本の母に。
これが、日本の夜明けのストーリーです。
そして、時代は再びいま、行き詰まり、新たな革命を必要としています。
今度は、僕らがその「腕前」を見せるときです。

「これから、わたしの腕前をお見せしましょう」

究極の自分は、誰にとって、
どんな存在でありたいか決める。
その決意こそが、新しい現実をつくる。

第4章

成功への道は
ひとつじゃないと
教えてくれる
言葉

人間って『自分が下らない人間か』
ということを
思い知ることで
スーッと楽にも
なれるんじゃないかな

――タモリ

思わずのぞき見したホテルの部屋

お遊戯《ゆうぎ》をしている幼稚園児たちを見て、

「オレはやりたくない！」

と、幼稚園への入園を拒否。ポリシーのある幼児、それが子どもの頃のタモリさんです。

そのかわり小学校入学に至るまで、タモリさんは毎日一日中、坂道に立って人間観察をしていた。中学時代からの4年間は近所の教会に通った。「牧師を芸人であるかのように見ていた」のだとか。また、大学浪人中はしばしば押し入れに潜り込んでは、韓国や中国からのラジオ放送をずっと聴いていた。

タモリさんは、早稲田大学を中退後、故郷の九州で保険外交員の仕事をしますが、数年で退職。その後、喫茶店の従業員、ガードマンから絵画のヌードモデル、さらには、へび使い、ヒモのようなことまで、芸能界に入るまでにさまざまなことをやってしのいでいました。しかし、このままでいいのだろうか……。

「30歳まではいいけれど、30歳を過ぎたら、何かきちんとしたことをやらなければいけない。では、オレには何が向いているだろう？」

そう自問する日々でしたが、転機は意外な形でやってきました。

知り合いとホテルで飲んでいたその帰り道。廊下を歩いていると、ある部屋からにぎやかな音が聞こえてきたのです。「何だ何だ!?」。カギがかかっていなかったので、思わず扉を開けてのぞいて見ると、そこには……。


なんと、ゴミ箱を頭からかぶり、「虚無僧《こむそう》」になりきって歌舞伎のマネをして大騒ぎしている人たちがいたのです！


それを見たタモリさん。

「オレの感覚と同じだ。これはオレを呼んでいる！」

そう思い、部屋に入り、虚無僧のマネをしている人の頭からゴミ箱を取り上げると、なんと、自分も歌舞伎のマネをして一緒に踊りはじめたのです。

突然乱入したタモリさんを、ひとりが冗談でインチキ中国語でなじったところ、タモリさんはそれより数段うまいインチキ中国語で返答。彼らは一瞬にして意気投合。実はこの部屋は、ジャズピアニストの山下洋輔さんとそのメンバーの部屋でした。

山下さんも、あまりの面白さに笑い転げてしまった。

ふと時計を見たら夜中の3時過ぎ。会社員だったタモリさんは、「いけねぇ！　明日は会社だ！」と帰ろうとしたところを、山下さんが「ちょっと待て」と。

「ところで、あんた誰なんだ？」

タモリさんは一言。

「私、森田です」

そう言って帰ったそうです（笑）。

「面白いやつが博多にいる！　あいつにもう一度会いたい」と、その場に居合わせた人たちは「森田」探しをすることになります。手がかりは「博多にいるジャズ好きの森田という男性」というキーワードだけ。博多で一番有名なジャズ喫茶にたずねたところ、常連に同じ名前の人がひとりいることが判明。やがて店からタモリさんに連絡が入りました。そして、山下さんたちは「あの面白い森田をぜひ世に出そう！」と「伝説の九州の男・森田を呼ぶ会」を結成し、カンパを集め、3年後にタモリさんを上京させることになるのです。

「バカなことは本気でやらないとダメ」

その後、上京したタモリさんを「この男を博多に帰してはいけない」と家に住まわせ、自ら世に売り出す手伝いをしたのが、漫画家の赤塚不二夫さんでした。

ふたりは、毎晩お酒を飲みながらギャグを仕込んだといいます。

キャバレーの噴水から裸でイグアナのマネをしながら登場したり、飲み屋で本気で取っ組み合いのケンカを始めたと思ったら、実は仕組まれたギャグだったり。

「バカなことは本気でやらないとダメだ」

これが赤塚さんの教えでした。

赤塚さんは、タモリさんを自分の高級マンションに住まわせ、自身は事務所のロッカーを倒して寝床にしていた。

「そのことに気づいたときにはグッとこみ上げるものがあったんだけど、ここでグッときたら居候道《いそうろうどう》に反すると思ってこらえましたね」と後にタモリさんは語っています。

赤塚さんが亡くなったとき、タモリさんは8分にもわたる弔辞《ちょうじ》を読み上げました。

しかし、実はその弔辞のメモは「白紙」でした。

「バカなことは本気でやらないとダメだ」という赤塚さんの教えをタモリさんはここでもかたくなに守ったのです。そしてその弔辞、タモリさんは最後にこう締めました。

「私もあなたの数多くの作品のひとつです」

人生の扉は「何でこんなところに？」

なぜ、あのホテルの一室で、タモリさんはとっさに芸ができたのか。

タモリさんは、幼稚園に行かずにずっと坂道で人物観察をしていた。教会でも、牧師さんを芸人だと思って観察していた。どんなジェスチャーで、どんな声の抑揚で、どんな言葉を放ったときに人を感動させられるのかを学んでいたのです。そして浪人時代、押し入れの中でずっと外国語のラジオを聴いていたから、とっさにインチキ中国語もできたのです。

意味なくやっていたものほど、実は自分の血となり肉になっている。

意味なくやる。これほど純粋な動機はありません。本当に好きなものって、そこに理由もない。ただやっているだけ。でも、人生って、ムダなものほどムダじゃなかったりする。だからこそ意味がないことでも、バカなことでも、本気でやらないとダメなんです。本気でやれば、なんだってそこが運命の扉になるのです。

そして、きっかけはいつだって、ひょんなことから開けていくことを忘れないでください。

タモリさんが、ホテルの部屋の扉を開けて、自分の人生を開いたように、「人生の扉」は、「何でこんなところに?」と思えるようなところにあるものです。

大事なことは、いつだって、
大事じゃないところからやってくる。
今日これから起きる、どうでもいいようなことが、
あなたの運命の扉となる。

一生懸命につくったものは、
一生懸命に
見てもらえる

――黒澤 明

5秒のシーンの撮影に7時間！

「監督、僕のこと覚えていますか？」

俳優の仲代達矢さんが、黒澤明監督の映画『用心棒』の準主役に大抜擢されたとき、監督にそうたずねました。

監督の答えは「覚えているから使うんじゃないか」。

実は仲代さんはこの7年前、黒澤監督の『七人の侍』に出演していたのですが、出たのは、わずか5秒だけ。だから、覚えているのか黒澤監督にたずねたんです。

しかし、黒澤監督はそのシーンだけで、仲代さんの才能を見抜いていたのでした。

ちなみに仲代さんの5秒のシーンとは……。


なんと、セリフのない、ただの通行人！

でも、黒澤監督は、仲代さんのことをはっきり覚えていたのです。

なぜか？

それは、その5秒のワンカットのために7時間もかけていたからです。

黒澤監督は、

わずか5秒のシーンにも人生を懸けていたのです。

映画のフィルムは1秒間24コマですから、2時間映画だとすると120分×60秒×24コマで17万2800枚の絵で構成されていることになります。

黒澤映画は17万2800カットからどの1コマを抜き出しても、それが見事な「写真」になっているそうです。

どこまでもこだわり抜く、「世界のクロサワ」と呼ばれた巨匠・黒澤明ですが、最初から順風満帆だったわけではありませんでした。

黒澤少年の人生を変えた三重丸

小学生の頃は、いじめられっ子で泣かされる毎日。

体も弱く、気が小さかった黒澤少年は、言い返すこともできず、ただ目に涙を浮かべてはやり過ごしていた。

3年生になったある日の図画の授業。みながそれぞれ好きな絵を描きました。

しかし、いろいろな色を使った黒澤少年の絵は同級生たちに「何かおかしい！」と大笑いされます。シュンとする黒澤少年。

しかし、そのとき先生が「この絵はすばらしいですよ。とてもよく描けています」と黒澤少年の絵に大きな三重丸をつけて褒めてくれたのです。これは、小学校に入って以来、一番うれしい出来事になりました。

その日以来、黒澤少年は暇さえあれば絵を描き、次第に自分に自信を持つようになっていったのです。そして将来は、画家をめざすようになります。その夢は、映画づくりという仕事に変わりましたが、その思いは変わりませんでした。

いい絵をいい映画にする。

ここに、黒澤明の原点があります。

解雇、そして自殺未遂の後に……

しかし、〝いい絵〟にこだわるあまり、黒澤作品には膨大な費用がかかりました。『羅生門』で使われた門は、高さ約20メートル。屋根瓦4000枚も使用しています。ワンシーンに登場する動物のトラの目が死んでいるからと、「野生のトラを捕まえてこい」という指示を出したり、合戦のシーンでは130頭の馬に麻酔をかけて寝かせ、人と馬の死骸の山を表現した（やりすぎーー）。

タンスの中身なんて映らないのに、ちゃんと中身まで準備させるなど、1ミクロンたりとも妥協がないのです。

そんなこともあり、黒澤映画はお金がかかり過ぎると、映画が撮れない時期もありました。

製作に経費がかさむ黒澤明は、会社から追われた形で独立したものの、第一弾となったアメリカの映画会社との共同製作では、意見が衝突して製作中止。

翌年再びアメリカ進出のチャンスが巡ってくるものの、またも意見の衝突で製作は延期。

その後、疲労から、黒澤監督は倒れてしまい、ついには外されてしまいます。

時を同じくして日本映画も不況に陥り、思うように映画が撮れず、絶望を感じた黒澤監督は61歳のとき、自宅で手首を切り自殺未遂を起こしてしまいます……。

しかし、死と向き合って、黒澤監督は、自分の気持ちの原点を思い出します。

やっぱり、オレは映画が好きなんだ……。
やっぱり、オレは映画が撮りたいんだ……。
やっぱり、オレはいい絵をいい映画にしたいんだ……。

自分の気持ちの原点を取り戻した黒澤監督はここから復活します。

コッポラとルーカスはクロサワの弟子

黒澤監督は、ソ連との合作『デルス・ウザーラ』で再び、日本映画にカムバック。その後、戦国時代を舞台にした映画『影武者』の脚本に取りかかります。予算はなんと12億円！

日本の映画界は不況の真っただ中でそんなお金が出るわけがない……。しかし「どうしてもこの映画が撮りたい」という黒澤監督の気持ちは揺らがない。自ら200枚もの絵コンテ（映画の内容を絵で表したもの）を100日かけて水彩画で描き上げたのです。

200枚もの気迫の絵コンテを見た、あるアメリカ人が「クロサワが映画をつくれないのはおかしい」と立ち上がった。

「私はクロサワの弟子」と称するフランシス・F・コッポラ監督とジョージ・ルーカス

監督です（コッポラ監督の『地獄の黙示録』は黒澤監督の『七人の侍』に、またルーカス監督の『スターウォーズ』は『隠し砦の三悪人』に影響を受けてつくられたそうです）。

そしてふたりは『影武者』外国版のプロデューサーを担当してくれて、20世紀フォックス社に50万ドルの資金を出すように交渉してくれたのです。こうして『影武者』の製作は無事スタートできました。

黒澤監督はこう語っています。

「これでもかこれでもかと頑張って、一歩踏み込んで、それでも粘ってもうひと頑張りして、もう駄目だと思ってもズカッと踏み込んで、そうしていると突き抜けるんだ」

やがて完成した『影武者』は、カンヌ映画祭でグランプリを受賞。さらに興行収入が27億円を超えて、日本映画の新記録となりました。

「本当に大切なものを見つけてください」

映画が撮れない状況に対して、使われないかもしれない映画の絵コンテを黙々と200枚も描き上げたからこそ、それがコッポラとルーカスの心を打ち、日本新記録への道につながったのです。この行動に、黒澤監督の気持ちがそのまま表れています。

人は、死を前にして、やったことに対しては後悔しないのだそうです。逆にやらなかったことを後悔する。

だからやりたいことはやるべきなんです。

断固としてやるべきなんです。

黒澤明は死と向き合い、「俺はやっぱり、映画が好きなんだ!」ということに腹の底から気づいたのです。だからやれることをすべてやった。

黒澤作品最後の映画となった『まあだだよ』にはこんなセリフが出てきます。

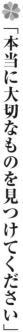

「本当に好きなもの、自分にとって本当に大切なものを見つけてください。見つかったら、その大切なもののために努力しなさい」

神は細部に宿る。
だから見えないところに愛をそそぐ。
すると、見えるところが光りだす。

みんな、それぞれが、
何か新しいことをやる、
それはすべて冒険だと、
僕は思うんです

――植村直己

恐妻家のヒーロー

人間の可能性の限界に挑んだ冒険家・植村直己。

世界で最も勇敢なスポーツマンに贈られるイギリスの「バラー・イン・スポーツ賞」を受賞。29歳で世界初の5大陸最高峰登頂者となった。

しかし、ひすいこたろうに言わせれば、植村直己が挑んだ最大の冒険は高校時代にあったといえる。

植村直己は、高校の池で飼われていたコイをこっそりつかまえて、なんと、なんと、なんと、教室のストーブで焼いて食べたのです！

しかも、池にいた6匹のコイをすべて！

こんな大胆な冒険家、僕は植村直己以外に知りません。

しかも、こんなとてつもないイタズラばかりしていたにもかかわらず、「憎めない」と先生たちからも人気者だったというのですから、恐るべし、愛されキャラ植村直己です。そしてまだまだ知られざる冒険が植村直己にはあります。

自然界で最も怖い存在は地上最強の

肉食獣・クマ

……ではありません！

それはツマです！

はい。妻です。僕が言うのですから間違いありません（笑）。

既婚者のあなたなら「わかる、わかる」とここで大きくうなずいてくれていることでしょう。その妻に対して、結婚したら「山はやめる」と約束した植村直己。

にもかかわらず、彼が冒険をやめなかったその言い訳はこうです。

「これは山じゃないから！」

妻に対して、このあまりに無茶な言い訳。まさにこれは、妻をも恐れぬグレイトスピリットを持つ男にしかできない荒ワザです。植村直己先生、あなたは、チーム恐妻家の僕たちのヒーローです。心から尊敬の念を表します。

さて、ウォーミングアップはこの辺にして、本題に入りましょう。

冒険の前に、植村直己は入念な準備をします。たとえば、南極大陸横断3000キロをめざす前には、まず、3000キロの距離感を体で完全に把握するために日本を北海道の稚内から、九州の鹿児島まで（これでちょうど3000キロ）ひたすら歩いたのです。夜は駅のベンチで寝て野宿し2カ月かけて3000キロ歩いた。

途中、兵庫の実家に寄ったときには「早く結婚して落ち着け！」とお母さんに叱られているあたり、愛されキャラ植村直己、健在です。

絶望の中で結ばれた「アンナ」との絆

1974年、33歳でグリーンランドからアラスカまで北極圏1万2000キロを犬ゾリで横断することに挑戦したときも、毎日500回ムチの使い方を練習し、犬との付き合い方を徹底的に訓練しました。雪と氷に包まれた未知の世界に12匹のワンちゃんと挑むのです。このときのドラマをご紹介しましょう。

犬ゾリのリーダー犬は、引き綱が2メートルほど長く、ほかの犬たちを引きながら走るのが役目です。植村直己は、最初、ケンカの強い犬をリーダー犬にしましたが、ほかの犬たちは言うことを聞いてくれない。

いろいろとリーダー犬を変えてみても、結果は同じ。

そこで、チームの中で、どの犬ともケンカをしなかった1頭のメス犬を先頭に走らせてみました。するとほかの犬たちは一生懸命走り始めたのです。

植村直己は、この犬を「アンナ」と名づけました。

旅は大ピンチの連続でした。

ある日は犬とソリが海に落ちた。植村直己は真っ先にまず犬たちを助けにまわり、その後にソリを犬たちと力を合わせて引き揚げました。

また、ある日には、犬の引き綱がもつれてしまったので、もつれをほどこうとしたそのとき、犬たちは一斉に暴れ、引き綱をつけたまま遥か彼方へ走り去ってしまったのです。さすがに犬たちも、もう限界がきていたのでしょう。犬に去られて移動手段を失ってしまった植村直己……。北極圏の氷の世界でたったひとり。白クマの襲撃だってある。これはまさに死との直面です。

植村直己は茫然自失……間違いなく、ここで死ぬ……。絶望の瞬間です。
しかし、しばらくすると何かが植村直己めがけて走ってくるのが見えました。

！！！！！！！

それは、アンナでした。
アンナがほかの逃げた犬を引き連れて戻ってきたのです。

言葉にならない思いを込めて、植村直己はアンナを抱きしめ頬ずりをしました。
たったひとりで限界に挑み続けた植村直己。でも、限界を超えるその手助けをしてくれたのはアンナでした。アンナは犬ながら、植村直己を心から助けたいと思ったのでしょう。アンナは植村直己の真剣な眼差しをいつも見ていたからです。植村直己の絶対にやり遂げるんだという思いをいつも近くで感じていたから。

1万2000キロに及ぶ道のり。最初から最後まで走り抜いた犬は、アンナだけでした。

限界まではひとりで行ける。

でも、限界を超える瞬間、そこにあったのは信頼し合った仲間のアンナでした。

「自分の力で切り抜けられるときは、祈るより立ち向かうべきだと山は教えてくれた」

でも、自分の力で切り抜けられないときに、助けてくれたのは共に困難に向かい合い、絆を結んだ仲間の存在でした。

無事、旅を終えた植村直己は、アンナを日本に連れて帰ってきました。

帰国後、アンナは北海道の旭山動物園に引き取られ、4頭の仔犬を生みました。

「始まるのを待ってはいけない。自分で何かをやるからこそ何かが起こるのだ」

by 植村直己

問われているのは、言葉ではない。
問われているのは、あなたの真剣な眼差しだ。

世界全体が
幸福にならないうちは

個人の幸福は
あり得ない

——宮沢賢治

ファンがひとりしかいない作家

ベートーベンの『運命』は、宮沢賢治の運命にも大きな影響を及ぼしました。「くり返し訪れる運命の表現のすばらしさ、俺もこういうものを書かねば」とベートーベンの作品に刺激を受けて、書き上げたのが宮沢賢治のデビュー作『春と修羅』。

実は、賢治が生前に出した本はわずか2冊だけ。

詩集『春と修羅』と童話集の『注文の多い料理店』。

両方とも、出してくれる出版社はなく、賢治の自費でつくった2冊です。しかもまったく売れずじまい。生前は、宮沢賢治のファンは、妹のとし子だけといってもいいような状況でした。

それがいまや、岩手県花巻市にある宮沢賢治記念館を訪ねる人は年間20万人を超えています。毎年、毎年、20万人以上の人が全国から、宮沢賢治の愛用品や原稿など、賢治ゆかりのものを見に訪れているのです。

若い頃の宮沢賢治は父親とそりが合わなかったこともあり、家出をして東京で六畳一間の部屋を借りて一人暮らしをしていた時期があります。アルバイトをしてお金を稼がなくてはいけない。紹介された仕事は、解剖用に使う人間の死体を運ぶ仕事。いざ死体と向き合うと体が震えて1日で逃げ出してしまったそうです。

宮沢賢治だって、ちゃんと苦労しているんです！（笑）

その後、大学の先生の講義を謄写版刷りにするアルバイトで生活を支えながら、あいた時間で詩や短歌、童話を書きつづりました。

この頃は、月に3000枚の原稿を書いたといわれています。しかし、先ほどお伝えしたとおり、このとき書かれた作品は生前、世に出ることはないのです。

宮沢賢治は、不治の病の妹のために童話を書いた

東京で暮らす賢治のもとにある日、お父さんから電報が届きます。

「トシコビョウキ　スグカエレ　チチ」

子どもの頃から変わっていて、いつも孤立しがちな賢治の一番の理解者だった妹の

とし子。賢治が誰よりもかわいがっていた妹です。

岩手に戻ると、とし子の肺は結核菌におかされていました。その頃は結核に効く薬はなく、この病気にかかれば死ぬ人が多かった時代。

「東京に戻らなくていいの？」と聞くとし子に対して、賢治は、「ああ、心配するな。これからはとし子のそばにいて詩や童話を書く」。

賢治は、とし子の枕元で、自分でつくった童話を読み聞かせました。

「それ何て題なの？」

「『どんぐりと山猫』っていうんだ」

山猫の裁判官が一郎の意見を聞いて、「このなかで、いちばんえらくなくて、ばかで、めちゃくちゃで、てんでなっていなくて、あたまのつぶれたようなやつが、いちばんえらいのだ」というシーンでは、「まるで、兄さんみたい」とふたりは顔を見合わせて笑った。

それからというもの、とし子は体調がいいと賢治に童話を読んでくれとせがんだ。賢治はこのとき24歳。とし子は22歳でしたが、まるで子どものように目をキラキラさせ、ときには涙ぐんで賢治の童話に聞き惚れたようです。賢治にとって、とし子はたったひとりの読者であり、自分の理解者だったのです。そしてそんな最愛の妹であるとし子に向けて、賢治は童話をどんどん書いた。しかし、とし子の病状は悪くなる一方でした。

そして1922年11月27日、とし子は24歳で帰らぬ人となります。

このとき、賢治は押し入れを開けて、布団をかぶって、おいおい泣きじゃくったそうです……。

賢治がとし子のことを詠った『永訣の朝』という詩があります。

高熱を出して苦しそうなとし子が「みぞれを食べたい」とつぶやき、賢治は庭に飛び出し、空から降るみぞれを集めて、それをとし子の口に運びました。そのときを詩にしたものです。

『永訣の朝』

　きょうのうちに

とおくへ　いってしまう　わたくしの　いもうとよ

みぞれがふって　おもては　へんに　あかるいのだ
（あめゆじゅ　とてちて　けんじゃ）
（花巻地方の方言で、雨雪をとってきてくださいの意味）
※中略※
蒼鉛いろの　暗い雲から
みぞれは　びちょびちょ　沈んでくる
ああ　とし子
死ぬという　いまごろになって
わたくしを　いっしょう　あかるく　するために
こんな　さっぱりした　雪のひとわんを
おまえは　わたくしに　たのんだのだ
ありがとう　わたくしの　けなげな　いもうとよ
わたくしも　まっすぐに　すすんでいくから
（あめゆじゅ　とてちて　けんじゃ）
※中略※

（※うまれでくるたて　こんどはこたにわりゃのごとばかりでくるしまなぁよにうまれでくる）
おまえが　たべる　この　ふたわんの　ゆきに
わたくしは　いま　こころから　いのる
どうか　これが天上のアイスクリームになって
やがては　おまえとみんなとに　聖《きよ》い資糧《かて》を　もたらすように
わたくしの　すべての　さいわいを　かけて　ねがう

「※今度生まれて来るときは、こんなに自分のことばかりで苦しまず、人のために苦しむ人間に生まれて来たい」

という、けなげな妹のために賢治は心から祈らずにはいられなかったのです。

悲しみの背後に、美しさのある詩です。
妹の死と真正面から向き合ったこの体験が、後に、大切な人の死と向き合う代表作

『銀河鉄道の夜』を生み出します。

偉い人にだけはなりたくない

賢治は、子どもの頃、父親に「おまえは大きくなったら、何になる？」と聞かれて、こう答えたことがありました。

「何になるかわからない。でも、偉い人だけにはなりたくない」

その言葉どおり、賢治は、生前まったく有名にもならず、偉くもならず、37歳で、と
し子と同じ病気で死んでいきました。

偉い人よりも、人のために働く人になりたかった賢治。賢治は岩手の花巻の農業高校で、教師をやっていた時期があるのですが、答案用紙に何も書かなくとも、生徒に絶対に0点をつけなかった。名前だけ書いても20点をあげていました。

たとえ何もできなくたって、0点の存在などこの世にいないからです。

せっかくついた安定職である教師を辞めて、農民になろうとしたときも、思いとどまらせようとした校長に対して、賢治はこう言いました。

「私は、もっと土にまみれて働きたいのです。教師をして、生徒たちを立派な農民に育てるのも大切な仕事です。でも、それだけでは、本当の農民の苦しみはわかりません。雨が降れば大水でたんぼを流され、日でりが続けば、稲の枯れるのをじっと見ているよりほかに、何もできない人たち。その人たちのことを思うと、のんびり教師などしていられないのです。その人たちと一緒になって働き、その人たちのために、いますぐ役に立ちたいのです」

農業学校に通う生徒たちの多くが、卒業後、大変だからと農業をせずに役所に勤めたりするのを見て、賢治は「これではいけない。新しい農村社会をつくろう」と意を決したのです。

そして農民たちの家へ出向いては、どうすれば、作物をたくさんつくることができるか話し合って歩きまわり、あちこちの村に無料で肥料相談所をつくりました。

そして「農民芸術概論」という原稿を書き、その中では、農業に役立つ知識だけではなく、農民も芸術にふれて、生きている意味をもう一度見直そうと投げかけたのです。つらい農業という仕事を美しいものに変えて、あたらしい世界（四次元の芸術）をつくろうと。

復活劇がなかった宮沢賢治

僕は宮沢賢治こそ、最高の超能力者だったと思うんです。透視能力、テレパシー、予知能力、そんな能力よりも、もっとすごい超能力があります。

どんなときも人に優しくできること。

それこそ、どんな能力にも勝る、超すごい能力だと思いませんか？
宮沢賢治、生涯に出した本はわずか2冊。しかも出してくれる出版社はなく自費出版。
そしてどちらも売れなかった……。教師という安定した職業も辞めてしまった……。

そして37歳の若さで亡くなる……。生前において、宮沢賢治の復活劇はなかった……。

賢治は、偉い人よりも、ただただ人のために働く人になりたかった。

妹のために……。農民のために……。

雨ニモマケズ　風ニモマケズ
雪ニモ夏ノ暑サニモマケヌ
丈夫ナカラダヲモチ
欲ハナク
決シテ瞋《おこ》ラズ
イツモシヅカニワラッテイル
※中略※
東ニ病気ノコドモアレバ
行ッテ看病シテヤリ　西ニツカレタ母アレバ
行ッテソノ稲ノ束ヲ負イ（背負い）
南ニ死ニソウナ人アレバ

行ッテコハガラナクテモイイトイイ
北ニケンカヤソショウ（訴訟）ガアレバ
ツマラナイカラヤメロトイイ
ヒデリノトキハナミダヲナガシ
サムサノナツハオロオロアルキ
ミンナニデクノボー（役に立たない人）トヨバレ
ホメラレモセズ
クニモサレズ（心配もされない）
ソウイフモノニ
ワタシハナリタイ

この詩は、発表されるためにつくられたものではなく、賢治の手帳に書かれていたもので、死後、トランクの中から発見されたものです。

これこそが、賢治のありのままの気持ちだったのでしょう。

宮沢賢治が生まれた1896年は、マグニチュード8・2の巨大地震が日本を襲って、2万人以上の死者を出しています。

震源地は賢治の生まれた岩手県の東方沖200キロメートル。

宮沢賢治はその2カ月後という大混乱の真っただ中に生まれてきたのです。

でも、大混乱の中で、宮沢賢治はこれだけ優しい人に育ちました。

みんなに「デクノボー」と呼ばれ、褒められもしない。心配もされない。

でも、それでいい。それがいい。東に病気の子どもがあれば行って看病してやり、西に疲れた母あれば行ってその稲の束を背負ってあげられたら、その人生こそ芸術じゃないか。

復活しなくたって、誰かのために、優しく生きた人生ならば、それこそ最高の芸術じゃないか。宮沢賢治はそのことを僕に教えてくれた人です。

ほんとうの復活とは、結果ではない。

結果が出ようが出なかろうが、誰かのために優しく生きる生き方です。

賢治の思い、キミに届け。

ソウイフモノニ　ワタシハナリタイ

すべての問題は、
あなたを優しくするために存在している。
優しさこそ、この宇宙最高芸術。

あとがき 「未来で待ってるよ」

彼は小さい頃から、人みしりで、いつも小さなことにクヨクヨしている少年でした。赤面症で、目と目を合わせることができなかった彼は、ずっと彼女もできなかった。18歳で、生まれ故郷の新潟を離れた彼は、東京でひとり暮らしを始めました。大学では、野球のサークルに入った。その初日の飲み会の席で、彼はひとりポツンとしていると、先輩に怒られた。

「おまえ、何、さっきから怒ってんだよ！」

彼は怒ってなんかいなかった。ただ、暗いだけ。

まわりの人と明るく話せなかっただけ。

彼はそのサークルになじめずに3日で辞めた。

学校にもあまり行かない彼は、無性に孤独を感じ、ひとり寂しく、ある朝、目的もなく旅に出た。そして、山梨県の小さな湖を眺めていた。そのとき、あまりに寂しくて、涙が出てきたのだそう。その夜、彼はノートに書いた。

「このままでは死にたくない。神様、もしいるなら、僕を助けてください」

そして月日は流れ、就職活動の時期になった。依然、なかなか人と目が合わせられない彼は、就職活動の面接を通る自信がなかった。しかし、友人がこう言ってくれた。

「俺の紹介で行くと、すぐに雇ってくれる会社があるけど行ってみる？」

早速、事務所を訪ねると、社長が出てきて、いきなりこう言われた。

「あんた、ウチに来るかね？」

彼は何の会社かわからないのに「はい」と答えていた。その会社は、通販の営業の会社だった。営業、それは、赤面症の彼が一番やりたくない仕事だった。

人みしりの彼の営業トークはしどろもどろで、中には説明の途中で寝てしまうお客さんもいた。

寝てしまったお客さんを前に、説明を中断していいのか、続けたほうがいいのか……そんなことに迷っている自分が情けなくなったといいます。もう、お客さんに会わずに売る方法を見つけるしかない……。

そうだ。書いて伝えよう。

彼は通販雑誌を来る日も来る日も書き写すことにした。

通販カタログの写経を始めて3カ月が過ぎる頃、伝えるってこういうことかと、少しずつわかるようになってきた。そして彼は広告をつくり、企業にFAXする作戦に出た。すると1年後、なんとトップ営業マンになれたのです。

……はい。この彼こそ、ひすいこたろう、僕のことです。

僕はいま、心を明るくする、ものの見方を伝える本を70冊以上書いています（2023年時点）。

でも、書くことが最初から得意だったわけではないんです。むしろ学生の頃は、作文は苦手。でも、人みしりだったからこそ、「書いて伝えるしかない」と書く技術を磨いてこれたのです。

そして、自分が暗くて、生きにくかったからこそ、どうすれば楽しく生きられるようになるんだろうと誰よりも真剣に心のことを学びました。だからこうして、いま、本を書けるようになったのです。

そんな過去を持つ僕が、歴史的記念物の大阪市中央公会堂のステージに立つことになりました。僕の本を読んで、「人生が変わった」と、大阪の主婦の方が僕にお礼をしたいと『ひすい祭り』なるイベントを計画し、1000名集めて満員にしてくれたことがあるのです。

ステージに立つと、1000名の観衆がいっせいに、「ひすいこたろう」とネームの入ったタオルを振り、「ひすいさ～ん」と黄色い歓声を上げてくれたのです。あのときは、アイドルの気持ちを味わわせてもらいました（笑）。寂しくて、湖でひとり泣いた僕に、まさか、そんな日がやってくるとは夢にも思いませんでした。

ここで、お伝えしたいこと。

それは、あなたのいま抱えている悩みや不安は、未来の誰かの希望を生みだすためにあるんだということです。どうすれば明るく楽しく生きられるんだろうって、僕はずっと悩み続けてきた。それは、あなたのハートに明るさをともすためだったのです。

悩むのは、未来に出会う誰かのハートに、灯りをともすためなんです。この本を通してわかったはずです。悩み、逆境、葛藤、不幸、自分の前に立ちふさがるかのように見えた「壁」は、誰かの希望となるための最高の「扉」であったことに。
偉人の人生を見てきて、何が起きたって大丈夫だってわかったはずです。人生という物語には、ほんとは幸、不幸はないんです。ほんとは運、不運もないんです。すべてはあなたの愛が深まるプロセスでありストーリー。だから受けて立て！　あなたの腕前を見せてやれ。すべては伝説への伏線にできる。これまでは、すべて、これからのためにあったのです。

すべては君が君になるために必要なことが起きている。
世界はあなたの出番を待っています。
君がいたからこそ、この世界は優しい世界になったんだ。
君が君でいてくれてありがとう。
ではまた逢おう。

ひすいこたろう

参考文献

『ＯＮＥ　ＰＩＥＣＥ』尾田 栄一郎（集英社）
『Ｍｅｎｓ'ＮＯＮＮＯ』２０１０年１月号（集英社）
『漢字幸せ読本』
　ひすいこたろう＋はるねむ（ＫＫベストセラーズ）
『ザ・バースデー ３６５の物語』
　ひすいこたろう＋藤沢 あゆみ（日本実業出版社）
『長嶋茂雄―夢をかなえたホームラン』
　小林伸也（ブロンズ新社）
『野球は人生そのものだ』長嶋茂雄（日本経済新聞出版社）
『飛田穂洲の高校野球入門』
　飛田穂洲（ベースボール・マガジン社）
『長嶋イズム』深澤弘編著（マガジンハウス）
『長嶋茂雄―永遠不滅の１００伝説』
　ミスタージャイアンツを愛する会（テーミス）
『絶望の隣は希望です！』やなせ たかし（小学館）
『もうひとつのアンパンマン物語』
　やなせ たかし（ＰＨＰ研究所）
『安藤百福』石川憲二 海野そら太イラスト（集英社）
『苦境からの脱出』
　安藤百福（フーディアムコミュニケーション）
『大器晩成!!成功のヒント』櫻井光行（実業之日本社）
『安藤百福かく語りき』安藤百福（中央公論新社）
『アップル宣言 クレイジーな人たちへ』
　アップルコンピュータ・著
　真野 流・訳 北山 耕平・訳（三五館）
『わが友 本田宗一郎』井深 大（ごま書房新社）
『この人を見よ！ 歴史をつくった人びと伝 １ 本田宗一郎』プロジェクト新・偉人伝（ポプラ社）
『プレジデント』２０１１年3月7日号（プレジデント社）
『ソフトバンク 新30年ビジョン』ソフトバンク新30年ビジョン制作委員会（ＳＢクリエイティブ）
『プロジェクトX 東京タワー 恋人たちの戦い』ＮＨＫ
『出光佐三 反骨の言魂』水木楊（ＰＨＰビジネス新書）
『海賊とよばれた男 上下』百田尚樹（講談社）
『出光佐三語録』木本正次（ＰＨＰ文庫）
『出光佐三 魂の言葉』滝口凡夫編（海竜社）
『運命の流れを変える！ しあわせの「スイッチ」』
　ひすい こたろう＋ひたか みひろ（三笠書房）
『人生最後の日にガッツポーズして死ねるたったひとつの生き方』ひすい こたろう（Ａ－Ｗｏｒｋｓ）
『11月14日付「月形洗蔵関係書翰」１０９』
『金玉文藻帖』福岡市博物館蔵
『向陵集』野村望東尼
『野村望東尼』谷川佳枝子（花乱社）
『野村望東尼』小河扶希子（西日本新聞社）
『流人望東尼』小石房子（作品社）
『高杉晋作・久坂玄瑞』林田愼之助 亀田 一邦（明徳出版社）
『吉田松陰全集』山口県教育会編（大和書房）
『幕末武士道、若きサムライ達』山川健一（ダイヤモンド社）『高杉晋作』藤岡信勝（明治図書出版）
『高杉晋作』海原徹（ミネルヴァ書房）
『漢字セラピー 五つ星のしあわせ』
　ひすいこたろう＋はるねむ（ヴィレッジブックス）
『この人を見よ！ 歴史をつくった人びと伝 ９ マザー・テレサ』プロジェクト新・偉人伝（ポプラ社）
『決定版 心をそだてるはじめての伝記１０１人』（講談社）
『星に祈りを 生きるための77の言葉』八坂 裕子（サンリオ）
『3秒でもっとハッピーになる名言セラピー』
　ひすいこたろう（ディスカヴァー・トゥエンティワン）
『この人を見よ！ 歴史をつくった人びと伝 ２ 黒澤明』
　プロジェクト新・偉人伝（ポプラ社）
『この人を見よ！ 歴史をつくった人びと伝 ３ 植村直己』
　プロジェクト新・偉人伝（ポプラ社）
『新校本 宮沢賢治全集』宮沢賢治（筑摩書房）
『農民芸術概論綱要』宮沢賢治（筑摩書房）
『宮沢賢治』西本鶏介 画・朝倉摂（講談社）
『宮沢 賢治』西本 鶏介（ポプラ社）

Special thanks

執筆協力　柴田エリー

編集協力　田中孝行　坂口惣一　ミッチェルあやか（編集hisuibrain）

弓削田健介　柳沼豊　円堂愛子　浅野信哉
伊東美佳　高橋奈々 新潟 宮尾農園

山田町のみんな
（大石秀男　三五十・大杉繁雄　間瀬慶蔵　野澤卓央　高松洋子）

チームひすい@岩手
（相澤久弥　梅津愛子　遠藤佳史　久保田欽也　熊谷良恵　佐々木真希子
佐々木百恵　佐藤浩枝　佐藤正伸　武田剛　安藤聡子）

にっくん　石井詩織　宗誠二郎　草苅睦子　桑野桂　白石知美
聚珍社　宮沢賢治　宮沢とし子 十日町十二社神社　日本橋小網神社

●次はYouTube「名言セラピー」で逢いましょう。

●最新情報はLINE公式アカウントから。
QRコードからいま登録いただくと、
ひすいお気に入りの４つの名言解説音声もプレゼント！

https://lin.ee/eCQFwXM

●ひすいのオンラインサロン「ひすいユニバ」
https://hisui-universe.com
月2回スペシャルレクチャーを配信。

本の感想やファンメール、寝ずにお待ちしています（笑）
ひすいこたろう　hisuikotaro@hotmail.co.jp

著者略歴

ひすいこたろう

作家・幸せの翻訳家・天才コピーライター。「視点が変われば人生が変わる」をモットーに、ものの見方を追究。衛藤信之氏から心理学を学び、心理カウンセラー資格を取得。2005年『3秒でハッピーになる名言セラピー』(ディスカヴァー・トゥエンティワン)がディスカヴァーMESSAGE BOOK大賞で特別賞を受賞しベストセラーに。他にもSHOGENとの共著である『今日、誰のために生きる?』(廣済堂出版)、『あした死ぬかもよ?』(ディスカヴァー・トゥエンティワン)などベストセラー多数。『人生最後の日にガッツポーズして死ねるたったひとつの生き方』(A-Works)はぜひ読んでほしい1冊。4次元ポケットから、未来を面白くする考え方を取り出す「この星のドラえもんになる!」という旗を掲げ日夜邁進。YouTubeにて「名言セラピー」をほぼ毎日配信中。

今日《きょう》は人生最悪《じんせいさいあく》で最高《さいこう》の日《ひ》

1秒《びょう》で世界《せかい》を変《か》えるたったひとつの方法《ほうほう》

2024年3月31日　初版第1刷発行

著　者　ひすいこたろう
発行者　小川 淳
発行所　SBクリエイティブ株式会社
〒105-0001　東京都港区虎ノ門2-2-1
本文デザイン DTP　Isshiki(河野博之)
装　丁　長坂勇司(nagasaka design)
イラスト　河野　愛
執筆協力　柴田エリー
編集担当　吉田　凪
印刷・製本　中央精版印刷株式会社

本書をお読みになったご意見・ご感想を
下記URL、またはQRコードよりお寄せください。
https://isbn2.sbcr.jp/24774/

落丁本、乱丁本は小社営業部にてお取り替えいたします。定価はカバーに記載されております。本書の内容に関するご質問等は、小社学芸書籍編集部まで必ず書面にてご連絡いただきますようお願いいたします。

ISBN978-4-8156-2477-4